［新訂］ 図書館の法令と政策
教育・文化・自由を支える制度・議論をみる

後藤 敏行
［著］

樹村房

新訂版の序文

　前著「2016年増補版」の発行後，図書館法や国立国会図書館法，大学設置基準，著作権法，個人情報の保護に関する法律，障害を理由とする差別の解消の推進に関する法律など，本書で取り上げた法令の改正が相次ぎました。込み入った大改正も中には含まれています。

　それらを反映し，また，視覚障害者等の読書環境の整備の推進に関する法律を追加したり，第5章（図書館政策）の構成を大きく変更したりするなど，大幅な加筆を施し，新訂版として上梓いたします。法令や政策は複雑さを増しており，それに伴い，シンプルで分かりやすいこと（ただし水準は落とさない）を本書は旨としていますが，紙数や論点は増えています。

　樹村房との打ち合わせの中で，本書には副題を付けようということになりました。図書館法や学校図書館法などは，教育・文化の発展に資することを法目的としているといえます（各1条）。国立国会図書館法の前文には「真理がわれらを自由にする」という有名な一節もあります。本書の副題はそれらを意識したものです。

　また，副題を「みる」としたのにも理由があります。本書の初版の序文にも書いたとおり，図書館に関する法令を論じた解説書や研究書には，「図書館界の願望や要請」を主張するものも多いです。業界の内外に向けて図書館界の要求を明らかにするためには有益でしょう。一方，本書は，個々の論点や議論を客観的に，冷静に扱うことに努めています。図書館に勤務する現職者や，学生の方に申し上げたいことの一つに「早合点せずに思い込みを捨てて，まずよく見る」があります。いろいろなことにいえると思いますが，図書館に関する法令や政策を考える際にも大切な点です。以上述べたような狙いを副題に込めました。

　本書が，タイトルのとおり図書館の法令と政策の専門書として，また，大学の教科書・副読本（例えば科目「図書館制度・経営論」の法律や政策の章に関する教科書・副読本）や，図書館の職員研修のテクストとして，少しでも貢献

できることを祈ります。

　樹村房の大塚栄一様，石村早紀様には，今回の改訂をかなり以前から打診いただいておりました。育児などに追われて遅れてしまった執筆を待ってくださったばかりか，今回も，多大なるご協力を賜りました。心から御礼申し上げます。

　2024年5月

後藤敏行

序文（2016年増補版）

　本書の初版は，おかげさまで，大学の教科書・副読本や，図書館の職員研修のテクストとして採用される等，ご好評を頂きました。

　初版の発行後，障害を理由とする差別の解消の推進に関する法律（通称：障害者差別解消法）の施行（2016年4月）をはじめ，状況は早くも変化しています。

　同法についての加筆を中心に，増補版を刊行する次第です。初版に引き続き，大学生や現職の図書館員の方々が図書館に関する法制度・政策を学ぶ一助となることを祈念いたします。

　樹村房の大塚栄一様には，この増補版に至るまでの間，種々の情報提供，お心遣いや激励を頂きました。心より御礼申し上げます。

2016年2月

後藤敏行

序文（初版）

　現在，法令や政策への関心が図書館界で高まっている。もちろん，かつて図書館法制定に向けて館界の多大な努力が見られたように，この分野と図書館は昔から切っても切り離せない。だが，学校図書館法の一部を改正する法律（2014年6月，本書第2章1）や，著作権法改正に基づく国立国会図書館の図書館向けデジタル化資料送信サービス（2014年1月開始，本書第3章3.(4)）等，最近もさまざまな話題が注目を集めている。

　大学の司書課程でも事情は同じである。2012年度から施行された，文部科学省令で定める図書館に関する科目の中で，従来の「図書館経営論」に法制度・政策についての内容が加わり，「図書館制度・経営論」に名称が変わった。他

の科目でも,「図書館サービス概論」に図書館サービスと著作権の単元がある等,当該分野は重視されている。

　本書は,大学や短期大学において,図書館に関する法制度・政策を学ぶための教科書や副読本となることや,現職の図書館員が当該分野について自己研鑽(けんさん)する際の助けになることを意図している。

　教科書として使われる場合,まず念頭に置いたのは上記「図書館制度・経営論」である。また,必修科目で学んだ内容を発展的に学習するための選択科目として「図書館基礎特論」を置く大学もあるが,そのテクストにもなりうる。さらに,それら以外の科目(学校図書館法や子どもの読書活動の推進に関する法律等を本書は扱っているので,司書課程だけでなく,司書教諭講習の科目も含む)の副読本としても使えるだろう。

　図書館法をはじめ,図書館に関する法令を論じた解説書や研究書は複数出版されている。それらには,法令の解釈や解説にとどまらず,「図書館界の願望や要請」を主張するものも多い。業界の内外に向けて図書館界の要求を明らかにするためには有益だろう。一方,本書は,大学生や実務家が法令と政策そのものを学ぶテクストであることを第一義とし,客観的な解説に努めた。

　まず,司書(を志望する者)にとって最も基本的な法律である図書館法の逐条解説をする(第1章)。次に,学校図書館,国立国会図書館,大学図書館,点字図書館の設置根拠である法令の要点を解説する(第2章)。さらに,図書館の直接の設置根拠ではないものの,図書館サービスに深く関連する法令を取り上げる(第3章)。最後に図書館政策について,先駆的なものや近年の主なものを紹介する(第4章)。

　本書の企画から出版まで,樹村房の大塚栄一様には多大なお世話になりました。心から感謝申し上げます。

2015年1月

後藤敏行

本書を読む前に

1. 「法令」について

　一般に，国会が制定する法規範を法律と呼び，国の行政機関が制定する法規範を命令と呼ぶ。それらを合わせて呼ぶ場合に法令という。本書では，図書館法などの法律に加えて，図書館法施行規則や大学設置基準といった命令も取り上げているので，法令という言葉を多用している。

2. 「条・項・号」などについて

　法令は通常，「条」に分けて規定する。1条と2条の間に条を挿入するような場合，「1条の2」を新設する。改正前の2条を3条とし，新たに2条を設ける場合もある。その場合，改正前の2条は改正後，3条になる。
　一つの条をさらに区分する場合は「項」に分け，項数が一つである場合を除き，1，2，3……の項番号を設ける。項番号は1項には付けず，2項以下に付ける（例外もある）。条または項の中で多くの事項を列記する場合には「号」を用いて分類する。号は一，二，三……などで表す。本書で取り上げる法令は全てインターネット上で閲覧できるので，実際に見てみてほしい。なお，多くの法律の専門書と同様，本書では「1条1項1号」（第一条第一項第一号などでなく）のように表記する。

3. 対象法令について

　本書は，2024年4月1日現在で施行されている法令に基づいている。
　学生だけでなく，実務家も読む専門書であることを本書は意図している。実務家の中には，長年の業務に慣れ親しんでいて，近年の法改正には詳しくない，という方もいるであろう。そのため，本書は，現在施行されている法令の解説

を主眼にするものであるが(過去の改正履歴を網羅的に追うものではないが),近年の改正については力点を置いて説明している。

　各法令の全文を巻末資料にすることはしていない。法令の改正は本書刊行後も頻繁に行われる。必要に応じて,e-Gov法令検索(https://elaws.e-gov.go.jp/)や日本法令索引(https://hourei.ndl.go.jp/#/)などで最新の条文や過去のものを確認してほしい。

目次

新訂版の序文　iii
序文（2016年増補版）　v
序文（初版）　v
本書を読む前に　vii

第1章　図書館法の逐条解説 ― 1

第2章　図書館に関する法令（図書館法以外） ― 29
　1．学校図書館法 …………………………………………………… 29
　2．国立国会図書館法 ……………………………………………… 38
　3．大学設置基準 …………………………………………………… 43
　4．身体障害者福祉法 ……………………………………………… 46

第3章　図書館サービスに関連する法令−1 ― 49
　1．子どもの読書活動の推進に関する法律 ……………………… 49
　2．文字・活字文化振興法 ………………………………………… 54
　3．個人情報の保護に関する法律 ………………………………… 57
　4．障害を理由とする差別の解消の推進に関する法律 ………… 68
　5．視覚障害者等の読書環境の整備の推進に関する法律 ……… 81

第4章　図書館サービスに関連する法令−2：著作権法 ― 87
　1．著作権法の存在理由 …………………………………………… 88
　2．著作物 …………………………………………………………… 89
　3．権利 ……………………………………………………………… 92
　4．保護期間 ………………………………………………………… 113

第 5 章 図書館政策 ————————————————— *115*
1．はじめに ……………………………………………… *115*
2．公共図書館 …………………………………………… *116*
3．学校図書館 …………………………………………… *123*
4．大学図書館 …………………………………………… *130*

参考文献　　*141*
索引　　*155*

第1章

図書館法の逐条解説

　第二次大戦前，図書館に関する法には，1899（明治32）年の図書館令や，1921（大正10）年の公立図書館職員令などの勅令が存在した。戦後，それらが効力を失い，1949（昭和24）年に社会教育法が制定されたことを受けて，翌1950年に図書館法が制定された（同時期に国立国会図書館法（1948年）や学校図書館法（1953年）なども制定されている。本書第2章参照）。

　図書館法制定の背景・経緯として，総司令部民間情報教育局（GHQ, Civil Information and Education Section：CIE）と文部省（当時）だけでなく，当時の図書館界が深く関与したことが指摘されている。また，図書館の義務設置制や多額の国庫補助金などを図書館界は当初希望するが，当時の経済情勢に鑑みて断念せざるを得なかったことや，戦後の図書館制度改革は1946年の第一次米国教育使節団報告書（日本において，軍国主義を排除し，民主主義教育の土台を築こうと，種々の提言を行った報告書。公共図書館や大学図書館にも言及している）以降始まっていたが，国立国会図書館法など，先に提出・審議された法案があるなどして1950年の成立になったことなどが明らかになっている[1]。

　図書館法は，公立図書館・私立図書館（いわゆる公共図書館。本法2条の解説参照）に関する法律である。ところで司書とは，公共図書館の専門的事務に従事する職員のことである（本法4～7条の解説参照）[2]。よって，司書（を志望する者）にとって，図書館法は最も基本的な法律だといえる。本章では，同法の条文を一つずつ解説する。

　制定以降，複数回の改正を経て，削除されたり，追加された条文もある。以

1　裏田武夫，小川剛編『図書館法成立史資料』日本図書館協会，1968年，473p.
2　図書館法における司書とは異なるものだったり，完全にイコールではなかったりするが，国会職員法や厚生労働省の省令「身体障害者社会参加支援施設の設備及び運営に関する基準」などにも「司書」が登場する（本書第2章2，4）。

下，2024（令和6）年4月現在（最終改正2019年6月）の同法を中心に解説する。

> 第一章　総則
> （この法律の目的）
> 第一条　この法律は，社会教育法（昭和二十四年法律第二百七号）の精神に基き，図書館の設置及び運営に関して必要な事項を定め，その健全な発達を図り，もつて国民の教育と文化の発展に寄与することを目的とする。

　図書館法の母体は社会教育法（1949年制定）といえる。同法は，教育基本法（1947年制定，2006（平成18）年全部改正）の精神にのっとり，社会教育に関する国および地方公共団体の任務を明らかにすることを目的とする（社会教育法1条）。同法は社会教育を「学校の教育課程として行われる教育活動を除き，主として青少年及び成人に対して行われる組織的な教育活動（体育及びレクリエーションの活動を含む。）」と定義している（2条）。かつ，図書館について，それを「社会教育のための機関」であり，「図書館［中略］に関し必要な事項は，別に法律をもつて定める」としている（9条）。文部省社会教育局長（当時）として図書館法の制定に携わった西崎恵は後者について国会で次のように述べている[3]。

> 　元来社会教育法は社会教育に関する総合法でありますので，図書館に関する規定も入れるべきであったのですが，図書館職員の問題，図書館設置基準の問題，更に図書館設置義務制の是非，財政的援助の限度等研究すべき根本問題が未解決でありましたので，別に単独法を制定することにし，ただ社会教育法においては，図書館も社会教育のための機関であることを注意的に明らかにしたのであります。

　さらに，当該地方の必要に応じ，予算の範囲内で，市（特別区を含む）町村

---

[3] 西崎恵『図書館法』新装版，日本図書館協会，1991年，p.35-36.

の教育委員会が図書館の設置・管理に関する事務を行うこと（5条1項4号），それらの事務に加え，図書館の設置・管理に関して必要な指導および調査を都道府県の教育委員会が行うことを定めている（6条1項1号）。

ただし，特定地方公共団体である市町村や都道府県では，公立図書館の設置，管理および廃止に関する事務（特定事務）は，市町村や都道府県の長が行う（5条3項，6条3項。特定地方公共団体については8条の解説下部の「▶2019年の図書館法改正」参照）。

社会教育法に基づき，図書館法は，図書館の設置・運営に関して必要な事項を定め，図書館の健全な発達を図り，国民の教育と文化の発展に寄与することを目的としている。

なお，教育基本法も，「国及び地方公共団体は，図書館，博物館，公民館その他の社会教育施設の設置，学校の施設の利用，学習の機会及び情報の提供その他の適当な方法によって社会教育の振興に努めなければならない」（12条2項）とし，図書館に言及している。

（定義）

第二条　この法律において「図書館」とは，図書，記録その他必要な資料を収集し，整理し，保存して，一般公衆の利用に供し，その教養，調査研究，レクリエーション等に資することを目的とする施設で，地方公共団体，日本赤十字社又は一般社団法人若しくは一般財団法人が設置するもの（学校に附属する図書館又は図書室を除く。）をいう。

2　前項の図書館のうち，地方公共団体の設置する図書館を公立図書館といい，日本赤十字社又は一般社団法人若しくは一般財団法人の設置する図書館を私立図書館という。

本条は，図書館法における図書館を定義し，かつ，設置主体によって公立図書館と私立図書館に分けている。

本条に関するポイントを述べる。第一に，図書館は一般公衆の教養，調査研

究だけでなく，レクリエーションに役立つとしている。図書館法制定前と比較して「国民の図書館に対する要望が，学術研究とか教養とかいったものよりもっと寛いだもっとやわらかい楽しみも含んできた」のであり，「これに応ずるために，図書館はレクリエーションの面を加えてきた」と前出の西崎は述べている[4]。

第二に，図書館法では図書館という名称は独占されておらず，図書館法に基づかない施設でも図書館という名称を使用できる（本法29条の解説も参照）[5]。それに対して，例えば学校教育法（1947年制定）では，幼稚園，小学校，中学校，義務教育学校，高等学校，中等教育学校，特別支援学校，大学，大学院，および高等専門学校という名称は，同法1条が掲げるもの以外の教育施設が用いてはならないと規定している（135条1項）。

背景には次のような考えがある。学校の場合には，例えばむやみに「大学」の名称が使われると，大学に入学しようとする者や大学の卒業生を採用しようとする者にとって，どれが法律に基づく正規の大学なのか分からなくなり社会的混乱が予想される。それに対し，図書館の場合には，ある人が図書館という看板を掲げて自分の蔵書を開放し，地域住民に利用させたとしても不都合はなく，かえって名称を独占することで，自由に図書館を作る機運をなくしてしまっては，国民にとって不利益になる[6]。

ただし，「図書館法に名称独占の規定がないことは，一般には，さして問題とするには及ばない。ただ，自治体がその気になれば，図書館法を骨抜きにで

4　西崎恵『図書館法』新装版，日本図書館協会，1991年，p. 49.
5　そもそも図書館ではなく知育・啓発施設と銘打っているが，以下の例も参照。以下の三つ目のウェブページには「書籍を軸とした施設だが，図書館法に則った「図書館」とも，いわゆる「書店」とも異なる」とある。
ちえなみき. https://chienamiki.jp/, （参照 2024-05-05）.
PR TIMES. "本屋だけ図書館だけでは味わえない知的体験を提供する『ちえなみき』が敦賀駅前に9月1日オープン〜本を介して知への扉を開く，新しい拠点の誕生〜". https://prtimes.jp/main/html/rd/p/000000009.000015407.html, （参照 2024-05-05）
新・公民連携最前線PPPまちづくり. "JR敦賀駅前に市の知育・啓発施設，設計・運営は丸善雄松堂らに". https://project.nikkeibp.co.jp/atclppp/PPP/news/032801102/, （参照 2024-05-05）.
6　西崎恵『図書館法』新装版，日本図書館協会，1991年，p. 47-48.

きる可能性を内蔵している点が問題になるだけである」という指摘の後半部分，すなわち，図書館という名称の施設を図書館法に基づかずに地方公共団体が設置し，同法を無視した運営をしてしまう，というリスクを否定できない点には留意が必要だろう[7]。

第三に，「公共図書館」という言葉は大学図書館，学校図書館などと並んで日常よく使われるが，図書館法では1カ所も登場しない。用いられているのは公立図書館，私立図書館，あるいは単に図書館といった表現である。この点について前出の西崎は次のように述べている[8]。

> 図書館に関する立法が研究されていた時も，当初「図書館法案」と言わないで，「公共図書館法案」と言われていたのである。しかし図書館と言う言葉は日常使われている言葉で，社会通念としても図書館と言えば公共性をもつ図書館施設について使われている。この社会通念をあくまで尊重して立法すべきであるとして，公共図書館という名称を避けて，単に図書館という名称を用いることとしたのである。

この解説や，資料を一般公衆の利用に供することが本条で前面に出ていることからも，図書館法でいう図書館とは公共図書館のことであると考えてよい。ただし，公費での運営や無料で利用できることを公共図書館の必要条件と考える場合，私立図書館は公共図書館から除外される（26条，28条の解説参照）。

第四に，図書館の設置は義務ではない。図書館法制定当時，地方公共団体に図書館設置を義務づけるかどうかが問題になったが，財政上の余裕がないこともあり，地方の自主性によって実情に即して図書館を設置することにした。日本図書館協会による統計『日本の図書館』によると，2023年4月時点で，図書館の設置率は都道府県が100％，市区が99.1％であるのに対し，町村は58.7％にとどまっている[9]。

---

[7] 裏田武夫ら『図書館法研究』日本図書館協会，1980年，p. 50.
[8] 西崎恵『図書館法』新装版，日本図書館協会，1991年，p. 48-49.
[9] 日本図書館協会図書館調査事業委員会，日本の図書館調査委員会編『日本の図書館：統計と名簿』日本図書館協会，2024年，p. 20.

設置率でなく人口で見ると，図書館がない町村などの多くは人の数がそもそも少ないこともあり，図書館がない自治体に暮らす人々は275万2000人である[10]。1億2000万人を超える日本の人口の中では一部なわけだが，だからといって無視してよいことにはならない。また，図書館がある市区や町村も，高齢者などにとっては面積が広く（広い自治体に1館でもあれば図書館が設置されていることになる），身近に図書館があるとは決していえない場合がある。このケースまで含めると，図書館が（身近に）ない自治体に住む人々は275万2000人よりもさらに多いと思われる。

なお，一般社団法人とは，一般社団法人及び一般財団法人に関する法律（2006年制定）により法人格を付与された（＝法律上の権利義務の主体となることを認められた），利益の分配を目的としない，人の集団を基礎とする団体のことである。一般財団法人とは，同法により法人格を付与された，一定の目的を持っている財産を管理・運営するために作られる団体のことである。

（図書館奉仕）
第三条　図書館は，図書館奉仕のため，土地の事情及び一般公衆の希望に沿い，更に学校教育を援助し，及び家庭教育の向上に資することとなるように留意し，おおむね次に掲げる事項の実施に努めなければならない。
一　郷土資料，地方行政資料，美術品，レコード及びフィルムの収集にも十分留意して，図書，記録，視聴覚教育の資料その他必要な資料（電磁的記録（電子的方式，磁気的方式その他人の知覚によつては認識することができない方式で作られた記録をいう。）を含む。以下「図書館資料」という。）を収集し，一般公衆の利用に供すること。
二　図書館資料の分類排列を適切にし，及びその目録を整備すること。
三　図書館の職員が図書館資料について十分な知識を持ち，その利用のための相談に応ずるようにすること。
四　他の図書館，国立国会図書館，地方公共団体の議会に附置する図書室

---

[10] 日本図書館協会図書館調査事業委員会，日本の図書館調査委員会編『日本の図書館：統計と名簿』日本図書館協会，2024年，p. 24.

> 　　及び学校に附属する図書館又は図書室と緊密に連絡し，協力し，図書館
> 　　資料の相互貸借を行うこと。
> 五　分館，閲覧所，配本所等を設置し，及び自動車文庫，貸出文庫の巡回
> 　　を行うこと。
> 六　読書会，研究会，鑑賞会，映写会，資料展示会等を主催し，及びこれ
> 　　らの開催を奨励すること。
> 七　時事に関する情報及び参考資料を紹介し，及び提供すること。
> 八　社会教育における学習の機会を利用して行つた学習の成果を活用して
> 　　行う教育活動その他の活動の機会を提供し，及びその提供を奨励すること。
> 九　学校，博物館，公民館，研究所等と緊密に連絡し，協力すること。

　前出の西崎によれば，図書館奉仕とは，国民に対するサービスの活動の総称である[11]。図書館奉仕について定めた本条は，図書館法制定の目玉の一つだった[12]。図書館奉仕に関しては，「図書館法の底を流れるものは，国民に対するサービスの活動である」「図書館奉仕の規定は，図書館法の規定中最も意義深い規定である」という発言にも注目したい[13]。なお，「図書館奉仕」という言葉自体は，図書館法の2年前に制定された国立国会図書館法（本書第2章2）に既に登場している。

　図書館法は図書館を「一般公衆の利用に資する活動面を強調し，「動く図書館」として，真に社会教育機関としての任務を果たし得るように規定」しているが，本条はその典型であるといえる[14]。

　本条の冒頭部には「土地の事情及び一般公衆の希望に沿い」とある。都市には都市の事情，農村には農村の事情があるから，地域性に応じて，蔵書構成や図書館の諸活動の内容が違ってくるという趣旨である。

　続いて「学校教育を援助」とある。これは例えば，ある教科に関連する資料を図書館に備えて，勉強がしやすいようにしたり，小学生向けの資料を集めて

11　西崎恵『図書館法』新装版，日本図書館協会，1991年，p. 62-63.
12　西崎恵『図書館法』新装版，日本図書館協会，1991年，p. 36.
13　西崎恵『図書館法』新装版，日本図書館協会，1991年，p. 43, 63.
14　西崎恵『図書館法』新装版，日本図書館協会，1991年，p. 36-37.

児童閲覧室を作ったりすることである。あるいは，本条4号にもあるように，学校の図書館と資料の相互貸借を行い，それによって学校教育を援助することも含まれる。

さらに「家庭教育の向上」と定めている。背景には，教育基本法の2006年の全部改正がある（なお，それに先立ち2001年，社会教育法も改正され，家庭教育の向上のための規定が加わっていた）。家庭教育について「国及び地方公共団体は，家庭教育の自主性を尊重しつつ，保護者に対する学習の機会及び情報の提供その他の家庭教育を支援するために必要な施策を講ずるよう努めなければならない」（教育基本法10条2項）としたことを受けて，図書館法にも2008年の改正で家庭教育の文言が加わった。図書館としては，例えば，家庭教育に関する保護者の学習に役立ちそうな資料の充実に留意する，ということになろう。

次に本条各号について述べる。本条冒頭に「おおむね次に掲げる」とあるとおり，各号は例示であって，それ以外のサービスも状況に応じて必要になる。

1号に「郷土資料，地方行政資料」および「美術品，レコード及びフィルム」とある。前者は「土地の事情及び一般公衆の希望に沿い」という本条冒頭の文言に対応している。実際，「郷土行政資料室」「地域・行政資料室」などのコーナーを設けている図書館もある。

後者は「［一般公衆の］レクリエーション等に資する」という2条の文言に対応している。今日では，レコードやフィルムよりもCDやDVDの方が利用希望が多いだろうが，それらは本号の「視聴覚教育の資料その他必要な資料（電磁的記録［中略］を含む）」に含まれる。

本号の「その他必要な資料」には，目が不自由な利用者のための点字資料や，児童サービスのためのパネルシアター[15]，エプロンシアター[16]などもあり得る。

---

15 白や黒の起毛した布地を張った60×100cm程度のパネル（舞台）に，不織布で作った人形や背景の絵を貼ったり外したり移動したりしながら物語を演じる人形劇（日本図書館情報学会用語辞典編集委員会編『図書館情報学用語辞典』第5版，丸善出版，2020年，p. 202）。

16 舞台に見立てた胸あて式エプロンに物語の背景とマジックテープを縫いつけ，演じ手がポケットから人形を取り出してエプロンに貼り付けながら物語を演じる人形劇（日本図書館情報学会用語辞典編集委員会編『図書館情報学用語辞典』第5版，丸善出版，2020年，p. 20）。

現在，インターネットへのアクセスも提供している図書館が多い（だが，インターネットや商用オンラインデータベースをそもそも図書館資料とみなすべきだろうか。この点は後述）。

2号には，分類や目録という図書館用語が登場する。図書館資料の分類とは，主題検索が容易になるよう，資料を主に主題に従って体系的に排列することや，主題間の関連を明示することである。図書館資料の目録とは，図書館資料の代替物となる記録を整理し，検索可能にするものである。

3号は，図書館資料についての十分な知識，およびその利用相談に応じるための能力を図書館職員に求めている。これはかなり高度な能力である。図書館奉仕に加えて，司書や司書補などに関する複数の規定（4～7条，13条）を本法が設けているのはそのためである。

4号は，図書館網（図書館奉仕の及ぶ範囲）から漏れる住民のないように，図書館が協力しあい，図書館網を張りめぐらすための規定である。本号は，協力の依頼について定めた8条と関連する。

5号には図書館用語が並んでいる。分館とは，「本館から離れた場所で補助的な図書館サービスを行う，独立施設を持つ図書館」のことである[17]。閲覧所とは，僻地に設置され，図書館資料を定期的に交換しながら備えることでその地域の住民の利用に供する，閲覧設備だけを有するものである。配本所とは，集落，会社，団体，病院，福祉施設など，特定地域の人が集まる場所に置かれ，図書館から送られた資料が利用者に貸し出される場所のことである。自動車文庫とは，僻地の住民に対して自動車で資料を運搬して閲覧，貸出などの機会を与える，定期的に巡回する小図書館である。自動車図書館，移動図書館，BM（Book Mobile の略称）などとも呼ばれる。貸出文庫とは，僻地に対して，その地域の公共施設や各種団体にまとまった冊数の資料を図書館が一定期間預け，近隣の住民がそこから借りられるようにする図書館サービスのことである。

6号は，図書館が主催，または開催を奨励すべき集会を列挙している。特に鑑賞会や映写会は，「［一般公衆の］レクリエーション等に資する」という2条1項の文言に対応している。なお，図書館における映写会（上映会）や展示会

17　日本図書館情報学会用語辞典編集委員会編『図書館情報学用語辞典』第5版，丸善出版，2020年，p. 222.

と著作権の関連については，本書第4章3（3）を参照してほしい。

　7号では，図書館法全体を通して「資料」という語が使用されているのと対照的に，「情報」という言葉が用いられている。この点について，1990年代の解説書には，「時事に関しては，新聞や雑誌の記事・論文その他いろいろのソースから情報を集めて，図書館自身で資料をつくり印刷することもあるということである」とある[18]。古めかしい解説のように思われるかもしれないが，そうではない。例えば，東日本大震災以降，東北地方や各地の図書館はまさに，震災や防災関連の情報および参考資料の紹介，提供に努めている。本書の改訂に当たって加筆しておくと，大震災以降も災害は各地で発生し続けているが，左記の点は現在も変わらない。なお，時事に関する情報及び参考資料の紹介，提供を定めた本号は，9条（公の出版物の収集）とも関連する。

　8号は，教育基本法の2006年の全部改正の際，同法3条が「国民一人一人が，自己の人格を磨き，豊かな人生を送ることができるよう，その生涯にわたって，あらゆる機会に，あらゆる場所において学習することができ，その成果を適切に生かすことのできる社会の実現が図られなければならない」と規定したことを受け，学習の成果を活用する機会を提供するよう，2008年の本法改正で定めたものである。具体的には，例えば，本条6号と関連するだろう。しかしこの8号には次のような批判もある[19]。

　　　　図書館奉仕とは，学びたい・教養を高めたい・楽しみたい・何かを知りたいと思う人びとへの奉仕の活動であって，学んだことや知ったことを活用する機会を求める人への奉仕の活動ではない［中略］。しかも，本来は図書館員が行うべき業務に市民が参加することが「学習成果を活用したボランティア活動の場」として推奨される懸念もある。

　9号は，種々の図書館間の協力（本条4号）に加えて，本号に挙げる施設などとの連絡，協力を定めている。

　ところで，1号の解説の最後で，インターネットや商用オンラインデータ

18　森耕一編『図書館法を読む』補訂版，日本図書館協会，1995年，p. 11.
19　塩見昇，山口源治郎編著『新図書館法と現代の図書館』日本図書館協会，2009年，p. 126.

ベースをそもそも図書館資料とみなすべきだろうかと述べた。文部省（当時）の1998年の文書は，図書館資料とは「図書館によって主体的に選択，収集，整理，保存され，地域住民の利用に供されている資料」であり，「図書館においてインターネットや商用オンラインデータベースといった外部の情報源へアクセスしてその情報を利用することは，図書館法第17条にいう「図書館の利用」には当たらないと考えるのが妥当」であって，上記の電子的なサービスからは料金を徴収し得る旨を述べている[20]。

また，文部科学省の2012年の文書も，「電磁的記録」も図書館資料であるが，そこには「インターネット等の利用により入手できる情報や，いわゆる商用データベースなどの図書館外部の資料は含まれず」としている[21]。一方で反対意見もある[22]。

インターネットや商用オンラインデータベースを図書館資料とみなすかどうかは，文部省の上の文書も触れているように，それらの利用の対価を徴収してはならないと考えるかどうか，という議論にもつながる。本法17条の解説参照。

（司書及び司書補）

第四条　図書館に置かれる専門的職員を司書及び司書補と称する。

2　司書は，図書館の専門的事務に従事する。

3　司書補は，司書の職務を助ける。

20　生涯学習審議会編『図書館の情報化の必要性とその推進方策について：地域の情報化推進拠点として：報告』生涯学習審議会社会教育分科審議会計画部会図書館専門委員会，1998年，p. 10. https：//warp.ndl.go.jp/info：ndljp/pid/286794/www.mext.go.jp/b_menu/shingi/12/shougai/toushin/981001.htm, (参照 2024-05-05).

21　文部科学省. "「図書館の設置及び運営上の望ましい基準」の告示について（平成24年12月19日　24文科生第572号　各都道府県教育委員会教育長あて　文部科学省生涯学習政策局長通知)". https：//www.mext.go.jp/a_menu/01_l/08052911/1282452.htm, (参照 2024-05-05).

22　塩見昇，山口源治郎編著『新図書館法と現代の図書館』日本図書館協会，2009年，p. 192-193, 247.

（司書及び司書補の資格）
第五条　次の各号のいずれかに該当する者は，司書となる資格を有する。
一　大学を卒業した者（専門職大学の前期課程を修了した者を含む。次号において同じ。）で大学において文部科学省令で定める図書館に関する科目を履修したもの
二　大学又は高等専門学校を卒業した者で次条の規定による司書の講習を修了したもの
三　次に掲げる職にあつた期間が通算して三年以上になる者で次条の規定による司書の講習を修了したもの
イ　司書補の職
ロ　国立国会図書館又は大学若しくは高等専門学校の附属図書館における職で司書補の職に相当するもの
ハ　ロに掲げるもののほか，官公署，学校又は社会教育施設における職で社会教育主事，学芸員その他の司書補の職と同等以上の職として文部科学大臣が指定するもの
2　次の各号のいずれかに該当する者は，司書補となる資格を有する。
一　司書の資格を有する者
二　学校教育法（昭和二十二年法律第二十六号）第九十条第一項の規定により大学に入学することのできる者で次条の規定による司書補の講習を修了したもの

（司書及び司書補の講習）
第六条　司書及び司書補の講習は，大学が，文部科学大臣の委嘱を受けて行う。
2　司書及び司書補の講習に関し，履修すべき科目，単位その他必要な事項は，文部科学省令で定める。ただし，その履修すべき単位数は，十五単位を下ることができない。

> （司書及び司書補の研修）
> 第七条　文部科学大臣及び都道府県の教育委員会は，司書及び司書補に対し，その資質の向上のために必要な研修を行うよう努めるものとする。

　4条から7条は司書および司書補に関する規定である。司書および司書補を図書館に置かれる専門的職員としているが，文部科学省のウェブページには，その職務は「図書館資料の選択，発注及び受け入れから，分類，目録作成，貸出業務，読書案内など」とある[23]。また，文部科学大臣の諮問機関である中央教育審議会の答申（2008年）は，「司書及び司書補には，図書館等の資料の選択・収集・提供，住民の資料の利用に関する相談への対応等の従来からの業務とともに，地域が抱える課題の解決や行政支援，学校教育支援，ビジネス（地場産業）支援，子どもの学校教育外の自主的な学習の支援等のニーズに対応し，地域住民が図書館を地域の知的資源として活用し，さまざまな学習活動を行っていくことを支援していくことが求められている」と述べている（「地域が抱える課題の解決」以下については，本書第5章2（2）も参照）[24]。なお，本章冒頭付近の注でも述べたが，図書館法における司書とは異なるものだったり，完全にイコールではなかったりするが，国会職員法（1947年制定）や厚生労働省の省令「身体障害者社会参加支援施設の設備及び運営に関する基準」などにも「司書」が登場する（本書第2章2，4）。

　5条は，要約すれば，大学（短期大学を含む）卒業程度の学力と図書館についての一定の学修（文部科学省令[25]で定める図書館に関する科目を大学で履修すること，または，6条の規定による司書の講習を修了すること。現状，必修

23　文部科学省．"司書について"．https://www.mext.go.jp/a_menu/shougai/gakugei/shisyo/,（参照 2024-05-05）．
24　中央教育審議会．"新しい時代を切り拓く生涯学習の振興方策について：知の循環型社会の構築を目指して：答申"．https://www.mext.go.jp/component/b_menu/shingi/toushin/__icsFiles/afieldfile/2008/12/18/080219_01.pdf,（参照 2024-05-05）．
25　省令とは，各省大臣が主任の行政事務について法律もしくは政令を施行するため，または法律もしくは政令の特別の委任に基づいて発する命令（法令用語研究会編『有斐閣法律用語辞典』第5版，有斐閣，2020年，p. 621）。なお，政令とは，内閣によって制定される命令（同 p. 684）。命令については「本書を読む前に」参照。

11科目22単位，選択2科目2単位，計13科目24単位）で司書の資格が得られ，高校卒業程度の学力と6条の規定による司書補の講習を修了することで司書補の資格が得られる，ということである。司書・司書補の講習は，文部科学大臣の委嘱を受けた大学が，例年，夏季を中心に開設している。

　4条から7条について留意すべき点を以下に述べる。第一に，図書館法の「図書館」は常に公立図書館と私立図書館の両者を含んでいるため，4条から7条の司書および司書補も，公立図書館だけでなく，私立図書館に置かれる者も含む。

　第二に，司書および司書補の配置は義務ではない。4条にそのような定めはなく，公立図書館の職員について定めた13条（後述）も「公立図書館に館長並びに当該図書館を設置する地方公共団体の教育委員会［または特定地方公共団体の長］が必要と認める専門的職員，事務職員及び技術職員を置く」（角括弧書および下線は筆者）というものであり，必ず専門的職員を置かねばならないとはいっていない。なお，13条で「公立図書館に館長［中略］を置く」と規定しているとおり，公立図書館に館長は必ず置かれる。

　日本図書館協会による統計『日本の図書館』によると，2023年4月時点で，日本の公共図書館数は3310館，専任職員数は9366人，非常勤職員，臨時職員，委託・派遣職員は合計で33160.1人（年間実労働時間1500時間を1人として換算）。それらのうち，司書・司書補の有資格者率は約57％である。1980年代からの専任職員数の経年変化を見ると，1990年代後半の1万5千人台をピークに漸減している（2019年に1万人を割った）。ちなみに，年間受入図書冊数や資料費も近年減少傾向にある。一方，図書館数は1980年代から増加している。ただし，2条の解説で述べたとおり，図書館の設置率は，都道府県が100％，市区が99.1％であるのに対し，町村は58.7％にとどまっている[26]。

　第三に，図書館には司書や司書補以外の職員も配属される。既に述べたとおり，13条にも「教育委員会［または特定地方公共団体の長］が必要と認める［中略］事務職員及び技術職員を置く」とある。

---

[26] 日本図書館協会図書館調査事業委員会，日本の図書館調査委員会編『日本の図書館：統計と名簿』日本図書館協会，2024年，p. 20, 24, 25, 29. 経年変化については，『日本の図書館』の過去の版も合わせて参照するとよりはっきり見えてくる。

なお，そうした職員も含めた，図書館で働く全ての職員を指す際，「図書館員」や「図書館職員」という場合が多い。二つのうち，図書館法の対象外である，大学図書館や国立国会図書館などで専門的業務に従事する者は，自らを「図書館員」と呼ぶことが多い。つまり「図書館員」の方が「図書館職員」よりも専門職の意味合いが強い。各用語辞典にもその旨が書いてある[27]。

(設置及び運営上望ましい基準)
第七条の二　文部科学大臣は，図書館の健全な発達を図るために，図書館の設置及び運営上望ましい基準を定め，これを公表するものとする。

図書館法は，図書館の設置を義務とはせず（2条の解説参照），認可制にもしていない。しかし，実際に図書館を設置，運営する際の具体的な基準があった方が運営者の参考になる。そのため本条を置き，図書館の「設置及び運営上望ましい基準」を文部科学大臣が定めて公表することになっている。公表するだけで，強制力はない。

「設置及び運営上望ましい基準」は，本法制定当時は公立図書館に関するものとして18条に置かれていた。だが「設置及び運営上望ましい基準」は条文にあるだけで，長い間策定されず，2001年にやっと「公立図書館の設置及び運営上の望ましい基準」として告示された。

その後，2008年の改正で18条は削除され，7条の2が新設された。その上で2012年，「公立図書館の設置及び運営上の望ましい基準」が全部改正され，「図書館の設置及び運営上の望ましい基準」が告示された。7条の2は図書館法の総則の一部であり，公立図書館だけでなく，私立図書館も対象としている。市町村立図書館は地域の実情に即した運営に努めること，都道府県立図書館は，それに加えて，市町村立図書館の援助や，都道府県内の図書館間の連絡調整な

27　図書館用語辞典編集委員会編『最新図書館用語大辞典』柏書房，2004年，p. 380, 403.
　　日本図書館協会用語委員会編『図書館用語集』4訂版，日本図書館協会，2013年，p. 228.
　　日本図書館情報学会用語辞典編集委員会編『図書館情報学用語辞典』第5版，丸善出版，2020年，p. 175, 180.

どに努めること，私立図書館は広く公益に資するよう運営を行うことが望ましいことなどを図書館運営の基本としている。また，著作権などの権利の保護や図書館の危機管理，公立図書館の館長は司書資格を有する者が望ましいことなどに言及している。

（運営の状況に関する評価等）
第七条の三　図書館は，当該図書館の運営の状況について評価を行うとともに，その結果に基づき図書館の運営の改善を図るため必要な措置を講ずるよう努めなければならない。

（運営の状況に関する情報の提供）
第七条の四　図書館は，当該図書館の図書館奉仕に関する地域住民その他の関係者の理解を深めるとともに，これらの者との連携及び協力の推進に資するため，当該図書館の運営の状況に関する情報を積極的に提供するよう努めなければならない。

　7条の3と7条の4も，7条の2同様，2008年の図書館法改正で新設された。図書館の運営の状況に関する評価など，および運営の状況に関する情報の提供についてそれぞれ規定している。
　国会の法案審議の中で，当時の文部科学省生涯学習政策局長が次の趣旨の発言をしている[28]。

- 具体的な評価の内容は，第一義的には評価の実施主体である図書館が定める。
- 考えられる評価の項目には，来館者や利用者数，蔵書数のほか，住民の利用状況，所蔵資料，図書館サービス，図書館資料のレイアウト，施設，職員などについての定量的または定性的な評価，および利用者，住民の満足

---

[28] 2008年5月23日の衆議院文部科学委員会での発言。国会会議録検索システム（https://kokkai.ndl.go.jp/#/）で検索できる。

度についての調査がある。
- 評価について，図書館同士で連携したり，図書館関係の団体（日本図書館協会などを指すと思われる）が支援する。

また，参議院文教科学委員会の附帯決議[29]は「図書館［中略］が自らの運営状況に対する評価を行い，その結果に基づいて運営の改善を図るに当たっては，評価の透明性，客観性を確保する観点から，可能な限り外部の視点を入れた評価となるよう，国が関係団体による評価指標作成等に対して支援する等，適切な措置を講じるとともに，その評価結果について公表するよう努めること。

その際，［中略］図書館協議会［中略］等を通じて，地域住民等の意見が反映されるよう十分配慮すること」を求めている[30]。

（協力の依頼）
第八条　都道府県の教育委員会は，当該都道府県内の図書館奉仕を促進するために，市（特別区を含む。以下同じ。）町村の教育委員会（地方教育行政の組織及び運営に関する法律（昭和三十一年法律第百六十二号）第二十三条第一項の条例の定めるところによりその長が図書館の設置，管理及び廃止に関する事務を管理し，及び執行することとされた地方公共団体（第十三条第一項において「特定地方公共団体」という。）である市町村にあつては，その長又は教育委員会）に対し，総合目録の作製，貸出文庫の巡回，図書館資料の相互貸借等に関して協力を求めることができる。

3条4号の解説で述べたように，図書館網を張りめぐらせ，そこから漏れる住民がないようすることに本条は関連している。本条の立法趣旨は，「一都道

29　附帯決議は，国会の委員会の意見や希望を表明するもので，法的拘束力を有するものではない。
30　参議院．"議案情報：参議院ホームページ". https://www.sangiin.go.jp/japanese/joho1/kousei/gian/169/meisai/m16903169051.htm, (参照 2024-05-05).

府県単位においてまず図書館網の充実を図ろうとするもの」である[31]。旧教育委員会法の廃止後に成立した地方教育行政の組織及び運営に関する法律（略称：地方教育行政法，地教行法。1956年制定）によって，社会教育に関する事務は都道府県や市町村などの教育委員会の職務になったため（同法21条12号），図書館同士が直接協力を求めるのではなく，教育委員会間で協力を求める規定になっている。ただし，括弧書（「[前略] その長が図書館の設置，管理及び廃止に関する事務を管理し，及び執行することとされた地方公共団体［中略］「特定地方公共団体」という。）である市町村にあつては，その長又は教育委員会」）については下記「▶2019年の図書館法改正」を参照してほしい。

なお，総合目録とは複数の図書館の資料を対象とする目録のことである。

▶2019年の図書館法改正

地域の自主性及び自立性を高めるための改革の推進を図るための関係法律の整備に関する法律（通称：第9次地方分権一括法，第9次一括法など）が2019年に成立・公布された。それに伴い，図書館法などが改正された（本書で扱っているのは改正後の現行法）。

従来，1947年制定の地方自治法180条の7（「普通地方公共団体の委員会又は委員は，その権限に属する事務の一部を，当該普通地方公共団体の長と協議して，普通地方公共団体の長の補助機関である職員［中略］に委任し，若しくは［中略］補助執行させ［中略］ることができる」）に基づき，公立図書館に関する事務の一部を首長部局が受け持つことができた。ただし，決裁の手続きの権利など，最終的な権限は教育委員会に残るものであった。つまり，「ある自治体が図書館を首長部局の所管とした」「首長部局に図書館を移管した」といった表現が図書館界で用いられることが昔からあったが，正確な意味での所管や移管ではなかった。

第9次一括法の制定に伴い，社会教育法，図書館法，地教行法などが改正され，公立図書館に関する事務を教育委員会から首長部局へ移管すること（管轄を変えること）ができるようになった。改正の要点は次のように整理すること

31　西崎恵『図書館法』新装版，日本図書館協会，1991年，p.69.

ができる。

　地方公共団体は，社会教育の適切な実施の確保に関する一定の担保措置を講じたうえで，条例で定めることによって，公立図書館の設置，管理および廃止に関する事務（以下，公立図書館に関する事務）を地方公共団体の長（以下，首長）の所管にすることができる（地教行法23条1項。担保措置については下記参照）。

　上の場合，図書館法8条が規定しているとおり，その地方公共団体を特定地方公共団体と呼ぶ。首長の管轄になった公立図書館を特定図書館と呼ぶ（13条1項。著作権法31条の解説で出てくる特定図書館等（本書第4章3（4）①）とは別のもの）。また，第9次一括法は公立図書館だけでなく，博物館，公民館など，社会教育に関するほかの公立教育機関についても同じことができると定めている。首長の管轄になったものを特定社会教育機関と呼ぶ（地教行法23条1項1号）。首長が管理執行することになった事務を特定事務と呼ぶ（社会教育法5条3項）。

　従来，教育委員会の職務だった公立図書館に関する事務が，特定地方公共団体では，首長の職務になる。それに伴い，図書館法の条文が変わった箇所を整理すると次のとおりである。いずれも，本章の該当条文を参照してほしい。

- 8条の一部（総合目録の作製，貸出文庫の巡回，図書館資料の相互貸借などに関して，都道府県の教育委員会が協力を求める対象）。
- 13条（必要と認める専門的職員，事務職員および技術職員を公立図書館に置く主体）。
- 15条（図書館協議会の委員を任命する主体）。

　上のほかにも，教育委員会が関わる箇所が図書館法にはある（7条，8条の一部，25条，29条2項）。司書，司書補に対する研修を行う主体や，総合目録の作製，貸出文庫の巡回，図書館資料の相互貸借などに関して協力を求める主体（協力を求める対象については上記参照），および，私立図書館に対する必要な報告を求めたり，指導・助言を与えたりする主体についての規定である。以上のような研修や指導・助言などは，社会教育機関の設置者としての事務で

はないため，特定事務を首長が管理執行する場合でも，主体は引き続き教育委員会であり，該当する条文に変更もない。

例えば，図書館法8条の解説で述べたとおり，都道府県の教育委員会は，図書館奉仕を促進するために，市町村の教育委員会に対して協力を求めることができる。その箇所に括弧書が2019年改正で加わった（「［前略］その長が図書館の設置，管理及び廃止に関する事務を管理し，及び執行することとされた地方公共団体（［中略］「特定地方公共団体」という。）である市町村にあつては，その長又は教育委員会」）。そのことによって，都道府県の教育委員会は，市町村が特定地方公共団体の場合は，教育委員会だけでなく首長に対しても協力を求めることが可能になった。つまり，協力を求める対象には変化があったが，協力を求める主体は従来どおり教育委員会である。

2019年改正のメリットとして期待されているものには，例えば，首長部局への移管によって，観光や産業，地域振興，健康福祉などの担当部署と連携がしやすくなる，といったことが挙げられる。一方で，資料収集や提供（閲覧制限など）に首長の意向を反映させてしまい，図書館の自由を守れなくなるような事態が生じるのでは，などの懸念もある。

担保措置として以下のような規定が設けられた。すなわち，特定図書館の管理運営に関する規則の制定を行う際，首長はあらかじめ教育委員会に協議しなければならない（地教行法33条3項）。また，特定事務のうち，教育委員会が所管する学校，社会教育施設などにおける教育活動と密接な関連を有するものとして規則で定めるものの実施にあたっては，首長は教育委員会の意見を聴かなければならない。かつ，規則を制定・改廃しようとするときは，首長はあらかじめ教育委員会の意見を聴かなければならない（社会教育法8条の2）。さらに，教育委員会は，必要と認めるときは，特定事務について首長に対して意見を述べることができる（社会教育法8条の3）。

2019年の図書館法改正については，拙稿でより詳しく解説したので，関心のある読者は参照していただきたい[32]。

32　後藤敏行「図書館法，著作権法等の改正と図書館」『現代の図書館』2019年，vol. 54，no. 639，p. 176–183．https://jwu.repo.nii.ac.jp/records/3241，（参照 2024–05–05）．

> （公の出版物の収集）
> 第九条　政府は，都道府県の設置する図書館に対し，官報その他一般公衆に対する広報の用に供せられる独立行政法人国立印刷局の刊行物を二部提供するものとする。
> 2　国及び地方公共団体の機関は，公立図書館の求めに応じ，これに対して，それぞれの発行する刊行物その他の資料を無償で提供することができる。

　本条は，公の出版物を公立図書館に優先的に提供して，一般公衆への広報に役立てようとするものである。特に，都道府県立図書館はその都道府県内の図書館サービスの中心にならねばならないので，本条1項が設けられている。

　本条2項では無償と明記しているが，1項は有償とも無償とも書いていない。理由は，独立行政法人国立印刷局（本法制定当時は印刷庁）が独立採算である都合上，無償を義務付けることが困難であったためである。実際に提供する際は，できる限り無償で提供することになっている[33]。

　本条に関する有名な事例には，日野市立図書館（東京都）の市政図書室がある。市役所内に分館として1977年に開館し，日野市を中心に多摩地域や東京都の地域・行政資料などを有している。しかし，本条の規定は全国的には十分履行されているとはいえないとの指摘がある[34]。

> 第二章　公立図書館
> （設置）
> 第十条　公立図書館の設置に関する事項は，当該図書館を設置する地方公

---

[33]　井内慶次郎『図書館法：逐条解説』1950年，p. 28（全日本社会教育連合会『社会教育』vol. 5, no. 7 付録）．
　　西崎恵『図書館法』新装版，日本図書館協会，1991年，p. 74.
[34]　高山正也，平野英俊編『図書館情報資源概論』樹村房，2012年，p. 61.
　　岸田和明編著『改訂図書館情報資源概論』樹村房，2020年，p. 57.
　　馬場俊明編著『図書館情報資源概論』3訂版，日本図書館協会，2024年，p. 100.

> 共団体の条例で定めなければならない。
>
> 第十一条及び第十二条　削除

　1条から9条は「総則」であり，公立図書館，私立図書館どちらにも該当する規定であるのに対し，10条から23条は公立図書館に関する規定である。

　2条の解説で述べたとおり，図書館法制定当時，地方公共団体に図書館設置を義務付けるかどうかが問題になったが，財政上の事情から義務化には至らなかった。

　むしろ，法律的な拘束によって図書館を作るよりも，図書館を要望する住民の世論が強い場合に，住民の負担によって図書館が設置されていくという方針の方が望ましい，という考えを10条は反映しており，公立図書館の設置は，地方公共団体が自主的に条例を根拠として設置することとなっている。

> （職員）
> 第十三条　公立図書館に館長並びに当該図書館を設置する地方公共団体の教育委員会（特定地方公共団体の長がその設置，管理及び廃止に関する事務を管理し，及び執行することとされた図書館（第十五条において「特定図書館」という。）にあつては，当該特定地方公共団体の長）が必要と認める専門的職員，事務職員及び技術職員を置く。
> 2　館長は，館務を掌理し，所属職員を監督して，図書館奉仕の機能の達成に努めなければならない。

　本条1項の専門的職員とは，4条1項に規定する司書および司書補のことである。それらの配置が義務ではないこと，一方，公立図書館に館長は必ず置かれることは，4条から7条の解説でも述べたとおりである。

　「▶2019年の図書館法改正」でも述べたように，地方公共団体は，条例で定めることによって，公立図書館の設置，管理，廃止に関する事務を首長の所管

にできるようになった。本条1項の括弧書は，その法改正に合わせて加わった文言である。

本条2項は館長の職務を定めている。3条で謳われた図書館奉仕がここでも言及されている。

もともとは，館長となる者の資格要件も本条は定めており，その一つに司書資格を有する者という点があった。その後，地方分権（地方公共団体の裁量を増やす），規制緩和の流れの中で，資格要件は削除された。ただし「図書館の設置及び運営上の望ましい基準」が，公立図書館の館長は司書資格を有する者が望ましい旨を規定している（7条の2の解説参照）。

（図書館協議会）
第十四条　公立図書館に図書館協議会を置くことができる。
2　図書館協議会は，図書館の運営に関し館長の諮問に応ずるとともに，図書館の行う図書館奉仕につき，館長に対して意見を述べる機関とする。

第十五条　図書館協議会の委員は，当該図書館を設置する地方公共団体の教育委員会（特定図書館に置く図書館協議会の委員にあつては，当該地方公共団体の長）が任命する。

第十六条　図書館協議会の設置，その委員の任命の基準，定数及び任期その他図書館協議会に関し必要な事項については，当該図書館を設置する地方公共団体の条例で定めなければならない。この場合において，委員の任命の基準については，文部科学省令で定める基準を参酌するものとする。

住民の要望や意見を図書館の運営に反映するため，14条から16条は図書館協議会について規定している。土地の事情および一般公衆の希望に図書館が沿うことを3条で求めているが，それを具体的に保障する仕組みの一つが図書館協

10条（公立図書館の設置）と同様，図書館協議会の設置などについては地方公共団体の条例で定めるとしており（16条），図書館協議会を地方の自主性に委ねている。ただし図書館協議会の委員の任命基準については，文部科学省令の基準を参考にする旨，同条が規定している。その基準について，文部科学省令である図書館法施行規則[35]12条は，「学校教育及び社会教育の関係者，家庭教育の向上に資する活動を行う者並びに学識経験のある者の中から任命することとする」としている。

14条に「置くことができる」とあるように，図書館協議会の設置は義務ではない。2006年の調査だが，地方公共団体による図書館協議会の設置率は約65％というデータがある[36]。

15条の括弧書は，2019年の本法改正に合わせて加わった文言である。

（入館料等）

第十七条 公立図書館は，入館料その他図書館資料の利用に対するいかなる対価をも徴収してはならない。

第十八条及び第十九条 削除

図書館法制定以前，公立図書館は閲覧料や使用料などを徴収していた。しかし，公立図書館は全住民のためのものであり，できる限り住民が利用しやすいものであるべきとの立場から，同法は無料公開の原則を確立した。これは，図書館協議会の制度と並んで，公立図書館の公共性という点で注目すべき規定である。

---

[35] 施行規則とは，法律や政令の委任に基づく事項や法律を施行するために必要な細目的事項を定めた命令。通常は，省令に当たる命令の場合に用いる（法令用語研究会編『有斐閣法律用語辞典』第5版，有斐閣，2020年，p. 486）。

[36] 日本図書館協会図書館調査事業委員会編『2006年『日本の図書館』附帯調査 図書館の状況について 報告書』日本図書館協会，2009年，p. 12.

ただし，図書館利用者が資料を紛失したり毀損したりした場合に，その利用者に弁償を求めるといったことまでを禁止するものではないと解釈されている[37]。また，他図書館から相互貸借で資料を借りた場合の郵送料を利用者負担としている図書館もあるし，図書館資料を館内でコピーする場合，コピー料金を払うことになる（図書館でのコピーと著作権法の関わりについては本書第4章3（4）①）。直感的に言って，実際には対価を徴収しているようにも思えるが，業務にかかる実費は対価とはみなさないという考えに立つことで，公立図書館の無料原則は現在も守られているのだろう。

デジタル資料の伸展に伴い，商用オンラインデータベースなどが公立図書館にも導入されると，それらの利用に対する対価徴収の是非が問われることになった。文部科学省の見解は，商用オンラインデータベースなどは図書館資料に該当しないため対価は徴収できる，というものである（3条の解説参照）。実際，一部のデータベースの利用料金を徴収している図書館もある[38]。

（図書館の補助）
第二十条　国は，図書館を設置する地方公共団体に対し，予算の範囲内において，図書館の施設，設備に要する経費その他必要な経費の一部を補助することができる。
2　前項の補助金の交付に関し必要な事項は，政令で定める。

第二十一条及び第二十二条　削除

---

[37] 井内慶次郎『図書館法：逐条解説』1950年，p. 48（全日本社会教育連合会『社会教育』vol. 5, no. 7 付録）．
塩見昇，山口源治郎編著『新図書館法と現代の図書館』日本図書館協会，2009年，p. 195.
西崎恵『図書館法』新装版，日本図書館協会，1991年，p. 99.
森耕一編『図書館法を読む』補訂版，日本図書館協会，1995年，p. 163.
[38] 東京都立図書館．"新聞雑誌記事横断検索データベース（有料）のご案内"．https://www.library.metro.tokyo.lg.jp/search/service/online_database/newspaper/index.html，(参照 2024-05-05)．

> 第二十三条　国は，第二十条の規定による補助金の交付をした場合において，左の各号の一に該当するときは，当該年度におけるその後の補助金の交付をやめるとともに，既に交付した当該年度の補助金を返還させなければならない。
> 一　図書館がこの法律の規定に違反したとき。
> 二　地方公共団体が補助金の交付の条件に違反したとき。
> 三　地方公共団体が虚偽の方法で補助金の交付を受けたとき。

　20条は，地方公共団体への国からの補助金について規定し，23条は，補助金の取り消しや返還について規定している。図書館法制定当初，補助金は，図書館の必要経費の一部を国で負担するというのではなく，奨励金としての性格のものを意図していた。しかし，条文は存続しているものの，図書館整備率が一定の水準に達したとの理由から，1998年度をもって補助金は事実上廃止されたままになっている。図書館振興のための経費補助という意味では，20条の存在意義は薄くなっている[39]。

　なお，23条に「左の各号」とあるのを不思議に思った初学者もいるかもしれない。本書は横書きだが，もともと，法律の条文は縦書きだからである。

> 第三章　私立図書館
> 第二十四条　削除
>
> （都道府県の教育委員会との関係）
> 第二十五条　都道府県の教育委員会は，私立図書館に対し，指導資料の作製及び調査研究のために必要な報告を求めることができる。
> 2　都道府県の教育委員会は，私立図書館に対し，その求めに応じて，私立図書館の設置及び運営に関して，専門的，技術的の指導又は助言を与

---

[39] 塩見昇，山口源治郎編著『新図書館法と現代の図書館』日本図書館協会，2009年，p. 69, 156.

> えることができる。
>
> （国及び地方公共団体との関係）
> 第二十六条　国及び地方公共団体は，私立図書館の事業に干渉を加え，又は図書館を設置する法人に対し，補助金を交付してはならない。
>
> 第二十七条　国及び地方公共団体は，私立図書館に対し，その求めに応じて，必要な物資の確保につき，援助を与えることができる。
>
> （入館料等）
> 第二十八条　私立図書館は，入館料その他図書館資料の利用に対する対価を徴収することができる。
>
> （図書館同種施設）
> 第二十九条　図書館と同種の施設は，何人もこれを設置することができる。
> 2　第二十五条第二項の規定は，前項の施設について準用する。

　図書館法第3章は主に私立図書館に関する規定である。私立図書館の自主性と自由を尊重して，法律的な拘束はできるだけ避けた旨，前出の西崎が述べている（ノーコントロール，ノーサポートの原則）[40]。26条がその典型であるといえるだろう。公立図書館のための補助金を国が出せることを定めた20条と対照的である。反面，入館料などは私立図書館の裁量に任せている（28条）。ただし，私立図書館に無関心なわけではなく，専門的，技術的な指導・助言を都道府県の教育委員会が与えることがあり，そのために必要な報告を求めることもできる（25条）。それら指導・助言がいわば無形の援助であるならば，27条は物の援助について規定している。なお，同条について，図書館法制定当時は統制経済の時代であり，そういう状況下で入手困難な物資の確保を援助するための規定であったが，経済的に豊かになった今日，実質的に効用がない規定と

40　西崎恵『図書館法』新装版，日本図書館協会，1991年，p. 37，45，59，106-108.

なったとする意見がある[41]。

　日本図書館協会による統計『日本の図書館』には，18の私立図書館が掲載されている[42]。だが，「私立図書館の全体数の把握が不完全であり，私立図書館に対する悉皆的(しっかいてき)な調査はない」（ルビは筆者）との指摘がある[43]。

　29条は図書館同種施設についてのものである。図書館法では図書館という名称は独占されておらず，図書館法に基づかない施設でも図書館という名称を使用できると，本法2条の解説で述べた。そうした施設が図書館同種施設ということになろう。29条2項にあるとおり，求めに応じて専門的，技術的な指導・助言を都道府県の教育委員会が与えることができるという25条2項の規定が準用される[44]。

41　森耕一編『図書館法を読む』補訂版，日本図書館協会，1995年，p. 192.
42　日本図書館協会図書館調査事業委員会，日本の図書館調査委員会編『日本の図書館：統計と名簿』日本図書館協会，2024年，p. 216-217.
43　塩見昇，山口源治郎編著『新図書館法と現代の図書館』日本図書館協会，2009年，p. 204.
44　図書館法に関する文献として以下を紹介しておく。
　①塩見昇，山口源治郎編著『新図書館法と現代の図書館』日本図書館協会，2009年．
　②森耕一編『図書館法を読む』補訂版，日本図書館協会，1995年．
　③裏田武夫ら『図書館法研究』日本図書館協会，1980年．
　④裏田武夫，小川剛編『図書館法成立史資料』日本図書館協会，1968年．
　⑤井内慶次郎『図書館法：逐条解説』1950年（全日本社会教育連合会『社会教育』vol. 5, no. 7　付録）．
　⑥西崎恵『図書館法』新装版，日本図書館協会，1991年（原著：西崎恵『図書館法』羽田書店，1950年）．
　　図書館法に関する体系的な解説書で新しいものといえば（といっても15年前のものだが）①，1990年代の代表的なものは②になろう。それらに加えて，図書館法制定30年を記念したシンポジウムに基づく③，図書館法の成立過程を精緻な資料とともにたどる④，そして図書館法の制定にじかに携わった著者による⑤と⑥を，図書館法に関心のある読者にはぜひ薦めたい。法の理解を深めることができるとともに，陳腐ないい方かもしれないが「時代の匂い」を感じられると思う。

第2章

図書館に関する法令（図書館法以外）

　本章では，学校図書館，国立国会図書館，大学図書館，点字図書館の設置根拠である法令の要点を解説する。

1．学校図書館法

　理科室法や音楽室法というものはないが[1]，学校図書館には学校図書館法という法律がある。

　人と金の問題の解消，すなわち司書教諭制度や財政措置の確立を目指して，全国学校図書館協議会（Japan School Library Association：全国SLA）[2]が署名運動を行うなどした結果，学校図書館法が1953（昭和28）年に制定された[3]。以下に述べるように，司書教諭の配置猶予の問題など，課題も抱えていた（学校司書が必置でないことなどに目を向ければ，現在も課題を抱えているともいえる）が，学校図書館がどう考えられているかのエッセンスが盛り込まれており，司書教諭や学校司書の資格取得希望者，現職者をはじめ，図書館について

1　ただし，理科教育振興法（1953年制定）や音楽文化の振興のための学習環境の整備等に関する法律（1994（平成6）年制定）などがある。

2　学校図書館の充実発展と青少年の読書振興に取り組む全国組織。1950年に全国の有志教員によって結成され，1998年に社団法人化し，2012年に公益社団法人へ移行した。

3　学校図書館法制定の背景として，例えば，新学制（6－3－3－4制）では学校図書館が重要な意義と役割を持つという認識や，CIEの影響の下，『学校図書館の手引』（1948年）を文部省（当時）が編集する過程で，学校図書館の未解決な問題を検討する文部大臣の諮問機関が必要との意見が強まり，その結果生み出された「学校図書館基準」（1949年）が「この後，法制化を求める学校図書館運動が共有する目標」となったことも指摘できる。
塩見昇『日本学校図書館史』全国学校図書館協議会，1986年，p. 157-159.
全国学校図書館協議会編『学校図書館基準：解説と運営』時事通信社，1950年，p. 285-286.

学ぶ者はしっかり押さえておくべき法律である。要点を以下で見ていこう。

1条は,「学校図書館が,学校教育において欠くことのできない基礎的な設備」であり,「その健全な発達を図り,もって学校教育を充実すること」が本法の目的であると規定している[4]。

2条は,学校図書館を定義している。小学校,中学校,高等学校(義務教育学校,中等教育学校,特別支援学校の小学部,中学部,高等部を含む)において,図書館資料(図書,視覚聴覚教育の資料,その他学校教育に必要な資料)を収集,整理,保存し,児童生徒および教員の利用に供することによって,学校の教育課程の展開に寄与するとともに,児童生徒の健全な教養を育成することを目的として設けられる学校の設備が学校図書館である旨を定めている。

児童生徒だけでなく教員が利用する設備でもあることや,学校教育の展開に寄与する,児童生徒の健全な教養を育成するという二つの目的があることが注目される。ただし目的が二つあるといっても,「両者は根本において離れるものでなく,図書館資料の上からも一線を引きえないものが多い」という指摘に留意しておきたい[5]。

また,「健全」という表現にも注意してほしい。健全な教養とは何か(健全でない教養とは何か)は難しい問題であり,また,一般市民に対して「健全」を強調し過ぎると押し付けがましくなる。そのためもあってか,公共図書館について定めた図書館法では健全という文言はほとんど出てこない(「図書館の健全な発達」という趣旨の表現が2カ所登場するのみ)[6]。

---

[4] 学校図書館に関する理解を深めるために,以下の文献を紹介しておく。より掘り下げたい読者は参照してほしい。例えば,なぜ「機能」や「施設」でなく「設備」なのかについても説明している。
新井恒易「学校図書館法の解説」『新しく制定された重要教育法の解説』東洋館出版,1953年,p. 1-42.
学校図書館編集部「学校図書館法を読む:逐条の解説と30年の歩み」『学校図書館』1983年,no. 393,p. 10-27.
全国学校図書館協議会編『学校図書館法の解説』明治図書出版,1953年,172p.

[5] 新井恒易「学校図書館法の解説」『新しく制定された重要教育法の解説』東洋館出版,1953年,p. 15.

[6] 「図書館[筆者注:公共図書館のこと]が行うのは,恩恵としての教育を人びとに施したり,特定の方向へと人びとを指導したりすることではない」(塩見昇,山口源治郎編著『新図書館法と現代の図書館』日本図書館協会,2009年,p. 113.)

だが，学校図書館は学校の一部であり，児童生徒に対して図書館サービスを単に事務的に提供するのではなく，学校教育の一環として諸活動を行う側面がある[7]。「児童又は生徒の健全な教養を育成」と表現されているのには，この事情があると思われる。

　学校図書館に関する多くの著作で著名な渡邊重夫は，本法にいう健全な教養の内実を一応説明することができるとして（一応と断っているのは，「教養」は社会的・歴史的に変容するものだからである），「それは，（教育基本法に具体化された）人権，主権，文化の諸価値の形成と享受に連なる人間的豊かさ」のことであるとしている[8]。

　上の論は精緻であり熟読に値するが（関心のある読者は渡邊の著書の現物にぜひ当たってみてほしい），やはり，健全な教養とは何か（健全でない教養とは何か）が難しい問題であることに変わりはないと思われる。「（教育基本法に具体化された）人権，主権，文化の諸価値の形成と享受に連なる人間的豊かさ」に，何をどこまで含めていいかの判断が容易でない場合があるからである。

　例えば，少し俗っぽいエンターテイメントは上でいうと「文化」に含まれると思われる。だが，俗っぽさの度が過ぎると上の「人権，主権」に反するものになりかねない。度が過ぎているのが誰の目にも明らかな場合もあろうが，意見が分かれるケースもあるように思われる。

　さらにいえば，健全な教養をどうすれば育成できるかも簡単ではない。やや極端な例を挙げる。「戦争や犯罪の歴史」のようなタイトルと内容の図書があるとする。戦争や犯罪の悲惨さ・卑劣さをそこから学ぶ児童生徒もいると思われるが，トラウマになるほどショックを受けてしまい，それどころでなくなる児童生徒も出るかもしれない。極論だが，同じことをやってみたいと感じる子

---

[7] 「学校図書館が学校の設備であるということは，それが第一に独立した構成体としての機関でなく，学校という社会的な施設の中の設備［中略］ということになる」（新井恒易「学校図書館法の解説」『新しく制定された重要教育法の解説』東洋館出版，1953年，p. 7-8.）

　「学校図書館は，学校を離れて存在するものではない。学校という大きな有機体の中にとけこんで，すべての教育活動を支え，学習活動に奉仕して，学校教育をして十分な効果をあげさせる設備なのである」（全国学校図書館協議会編『学校図書館法の解説』明治図書出版，1953年，p. 24）

[8] 渡邊重夫『批判的思考力を育てる学校図書館』青弓社，2020年，p. 123-172.

どもがいないとは誰も断言できない（よって，例えば選書業務は，真面目に取り組めば取り組むほど，難しい）[9]。

3条は設置義務の規定であり，学校には学校図書館を設けなければならないと定めている。図書館法において，図書館の設置は義務でなく，地方公共団体の自主性に委ねられているのと対照的である。

ちなみに，学校教育法施行規則1条1項に「学校には，その学校の目的を実現するために必要な校地，校舎，校具，運動場，<u>図書館又は図書室</u>，保健室その他の設備を設けなければならない」（下線は筆者）とある。文部科学省令である小学校設置基準（2002年）や中学校設置基準（同），高等学校設置基準（1948年制定，2004（平成16）年全部改正）には「図書室」という言葉があり，「図書館」は出てこない[10]。これらの「図書館又は図書室」や「図書室」は，いずれも学校図書館のことを指す（＝学校図書館法2条が挙げる小学校，中学校，高等学校などでは，名称は図書館でも図書室でもよいが，同法が定める学校図書館として機能する設備を設けなければならない）と解釈されている。

4条は学校図書館の運営について定めている。1項では，学校が，図書館資料の収集，分類，目録整備や読書会などを行うこと，学校図書館の利用に関する指導を児童生徒に行うこと，ほかの学校図書館，図書館，博物館，公民館などと連携協力することを規定している。

利用に関する指導と述べたが，この点も，図書館法と対比して覚えるとよい。図書館法では「図書館の職員が図書館資料について十分な知識を持ち，その利用のための<u>相談</u>に応ずる」という規定がある（3条3号。下線は筆者）。一方，学校図書館法では「図書館資料の利用その他学校図書館の利用に関し，児童又は生徒に対し<u>指導</u>を行う」としている（4条1項4号。下線は筆者）。一般市民向けの公共図書館と（児童生徒が公共図書館を利用する場合もあるが），学校の一部である学校図書館の違いが見て取れる。

9　渡邊の前掲書は，以上2段落のようなことを考える際にも有益だと思われる。関心のある読者には一読を勧める。

10　学校を設置しようとする者は監督庁の定める設置基準に従い設置せねばならない旨を，1947年の制定当初から学校教育法は規定していた（3条）。高等学校設置基準は1948年に定められたが，小中学校の設置基準は長い間制定されず，2002年にようやく施行された。

さらに2項では「学校図書館は，その目的を達成するのに支障のない限度において，一般公衆に利用させることができる」とし，学校図書館の地域開放への道をひらいている。

実際，地域開放には先駆的な事例が複数ある（札幌市，東京都練馬区，神戸市など）。『子ども達の未来を拓く学校施設』（1999年）など，推進すべきとする立場もある[11]。一方，地域住民へのサービスはそもそも公共図書館の役割である，児童生徒や教員へのサービスに支障が出てはいけない，危機管理の問題がある，といった理由から，慎重な意見も多い。古いデータだが，全国的には，学校図書館を地域住民に開放している公立学校の割合は小学校で13.1％，中学校で6.4％，高等学校で8.7％にとどまるとの報告もある[12]。

5条は司書教諭についての規定である。「学校には，学校図書館の専門的職務を掌らせるため，司書教諭を置かなければならない」としている（1項）。「学校図書館の専門的職務を掌らせるため」と規定しているので，各学校には，ただ配置するだけでなく（例えば司書教諭資格者が学校にいるにはいるが，学校図書館とは別の業務を担当している，というのではなく），学校図書館の専門的職務を担当させるために司書教諭を置かなくてはならない。

本法の制定当初は「当分の間」司書教諭の配置を猶予できる規定があった。「当分の間」とは10年の予定だったが[13]，実際は法制定から40年以上たった，1997年にその規定が改正された。その改正で，司書教諭を2003年度から必置とすることとした。

ただし，学校図書館に専任でなければならないとまでは規定しておらず，学級担任や教科担任などのほかの職務との兼任でも構わない。実際は兼任のケースが大半であるが，担当授業時間数を軽減したり，専任としている例もある。

また，1997年の改正以降も附則[14]で，政令で定める規模以下の学校には，当

11　文部科学省．"学校週5日制時代の公立学校施設に関する調査研究協力者会議報告（子ども達の未来を拓く学校施設―地域の風がいきかう学校―）"．https://www.mext.go.jp/b_menu/shingi/chousa/shotou/016/toushin/990701.htm，（参照 2024-05-05）．
12　文部科学省．"平成22年度「学校図書館の現状に関する調査」の結果について"．https://www.mext.go.jp/a_menu/shotou/dokusho/link/1410430.htm，（参照 2024-05-05）．
13　文部省広報課「第十六国会成立法案を見る」『文部広報』1953年，no. 60，p. 2．

分の間，司書教諭を置かないことができると規定している。「政令で定める規模以下」を，「学校図書館法附則第二項の学校の規模を定める政令」が，学級数が11以下であるとしている。司書教諭資格者の確保が困難な小規模校に配慮した措置と思われるが，今後，少子化とともに小規模校が増える地域も出てくるだろう。その際，11学級以下という現行の基準のままでよいか，検討が必要になろう。文部省初等中等教育局長「学校図書館法の一部を改正する法律等の施行について（通知）」（1997年）[15]や，以下で見る2014年の本法改正の際の附帯決議は，11学級以下の学校でも司書教諭を設置するよう努めることが望まれる，としている。

　3条とペアで5条1項を整理しておく。すなわち，学校には学校図書館を設けなければならない[16]。かつ，司書教諭を置かなければならない。ただし11学級以下の学校には司書教諭を置かないことができる。例外が認められているのは学校図書館の設置か，それとも司書教諭の配置かという点を初学者は混乱しがちなので注意してほしい。

　文部科学省の「学校図書館の現状に関する調査」によれば，2020年5月時点

14　附則とは，法令において，本則に付随して法令の付随的事項を定めることを目的として置かれるもので，通常，施行期日，経過措置，関係法令の改廃などについて定める（法令用語研究会編『有斐閣法律用語辞典』第5版，有斐閣，2020年，p. 1004）。なお，本則とは，法令において，その立法目的である事項についての実質的規定を定める本体の部分である（同 p. 1094）。

15　文部省初等中等教育局長. "学校図書館法の一部を改正する法律等の施行について（通知）". https://www.mext.go.jp/a_menu/sports/dokusyo/hourei/cont_001/012.htm,（参照 2024-05-05）.

16　ただし，特別支援学校において学校図書館が未設置の場合が少なからずある実態を明らかにした報告が複数ある。下記の2020年の文献では設置率が91.0%（すなわち未設置率が9.0%），2014年の文献では設置率が87.6%（すなわち未設置率が12.4%），2008年の文献では設置率が89.1%（すなわち未設置率が10.9%）であった。「学校図書館の未設置は，法令違反の状態であり，全校種で100%になるよう，早急な対応が必要である」と調査者は指摘している（下記2014年の文献）。
　　学校図書館編集部「特集 特別支援学校における学校図書館の現状」『学校図書館』2020年, no. 836.
　　野口武悟「特別支援学校における学校図書館の現状（1）：施設と経営体制を中心に」『学校図書館』2014年, no. 765, p. 45–49.
　　野口武悟「特別支援学校における学校図書館のいま（1）：施設・設備と運営体制の現状と課題を中心に」『学校図書館』2008年, no. 697, p. 73–76.

で，司書教諭は12学級以上のほとんどの学校で発令されている[17]。一方，11学級以下の学校も含めた全体の状況を見ると，司書教諭が発令されている学校は小中高校など37163校のうち25493校（68.6％）である。学校種別ごとに見ると，高等学校では4886校のうち3980校（81.5％）に上るものの，小学校では19197校のうち13418校（69.9％），中学校では9950校のうち6269校（63.0％）にとどまる。

また，司書教諭の発令率は都道府県ごとに差がある。例えば鳥取県は，学級数が11以下でも，全ての公立小中高校で司書教諭を発令している[18]。

司書教諭になるためには，文部科学大臣の委嘱を受けて大学などが行う司書教諭講習を修了するか（5科目10単位），あるいは，司書教諭講習科目に相当する科目の単位を大学で修得しなければならない。また，「司書教諭は，主幹教諭（養護又は栄養の指導及び管理をつかさどる主幹教諭を除く。），指導教諭又は教諭［中略］をもつて充てる」（5条2項）とあるため，これに該当する教諭の免許状を有する必要もある。本法において学校図書館とは，小学校，中学校，高等学校（義務教育学校，中等教育学校，特別支援学校の小学部，中学部，高等部を含む）に設けられるものを指すから，幼稚園教諭の免許状は含まない。

司書教諭について定めた5条と並んで特筆せねばならないのが，2014年の本法改正（学校司書の法制化）である。

学校への司書教諭の配置が義務でなかった頃から，学校図書館の仕事を担当する事務職員が置かれる場合があり，その職員を学校司書と呼ぶようになった（文部科学省の文書などでは，学校図書館担当職員などとも呼ばれてきた）。

一方，学校司書についての規定が学校図書館法になく，全国SLAは，正規雇用で専任[19]の学校司書の法制化を政府に求めていた。

17　ただし，12学級以上の学校における発令割合は小学校99.2％，中学校97.0％，高等学校93.2％と，徐々に率が下がっている。同調査の内訳からは，私立学校で発令割合が国公立学校よりも低いことが影響していると見て取れる。
18　以上2段落は次のデータを参照。
　　文部科学省．"令和2年度「学校図書館の現状に関する調査」の結果について"．https://www.mext.go.jp/a_menu/shotou/dokusho/link/1410430_00001.htm，（参照 2024-05-05）．

2014年，学校図書館法の一部を改正する法律が成立し，学校司書が初めて法律上に位置付けられた（施行は2015年４月）。改正学校図書館法では，改正前の６条，７条がそれぞれ７条，８条となり，新たに６条が設けられ，「学校には，[中略] 学校図書館の運営の改善及び向上を図り，児童又は生徒及び教員による学校図書館の利用の一層の促進に資するため，専ら学校図書館の職務に従事する職員（次項において「学校司書」という。）を置くよう努めなければならない」（１項），「国及び地方公共団体は，学校司書の資質の向上を図るため，研修の実施その他の必要な措置を講ずるよう努めなければならない」（２項）といった規定が加わった。また，学校司書の資格や養成のあり方を国が検討し，必要な措置を講ずることも附則で定めている。学校司書を「置くよう努めなければならない」という規定であり，各学校に必置とまではなっていないが（さらにいえば，正規雇用で専任であることが保証されたわけでもなく，小中学校では常勤よりも非常勤の学校司書がとても多いのが現状であるが）[20]，大きな進展であるといえよう。

文部科学省の「学校図書館の現状に関する調査」によれば，2020年５月時点で，学校司書を配置している学校は小中高校など37163校のうち23099校（62.2％）存在する。学校種別ごとに見ると，小学校では19197校のうち13202校（68.8％），中学校では9950校のうち6375校（64.1％），高等学校では4886校のうち3079校（63.0％）である。同調査は，過去のものも文部科学省が公開しており，経時的な比較ができる[21]。2014年の法改正前後から，学校司書を配置する学校数の割合が特に小中学校で増加していることが見て取れる。また，司書教諭と同様，学校司書の配置率は都道府県ごとに差がある。例えば島根県は，全ての公立小中高校で学校司書を発令している[22]。

学校司書の資格・養成などのあり方について一定の指針を得るために，2015

19　現状，全ての学校司書が１校に専任で勤務しているわけではなく，例えば曜日別に複数の学校を兼任する例がある。
20　文部科学省．"令和２年度「学校図書館の現状に関する調査」の結果について"．https://www.mext.go.jp/a_menu/shotou/dokusho/link/1410430_00001.htm，（参照 2024-05-05）．
21　文部科学省．"学校図書館の現状に関する調査結果"．https://www.mext.go.jp/a_menu/shotou/dokusho/link/1360318.htm，（参照 2024-05-05）．

年に設置された「学校図書館の整備充実に関する調査研究協力者会議」は，『これからの学校図書館の整備充実について（報告）』（2016年。以下本節では『報告2016』。本書第5章3（2）も参照）[23]の中で，「学校司書が学校図書館で職務を遂行するにあたって，履修していることが望ましいもの」として，学校司書のモデルカリキュラムを示した[24]。

モデルカリキュラムは学校図書館の運営・管理・サービスに関する科目，児童生徒に対する教育支援に関する科目，計10科目20単位から成り，大学や短期大学で開講される。あくまで「モデル」カリキュラムであるので，大学や短期大学は，必要に応じてこのモデルカリキュラム以外の科目を開講し，学生に履修を求めることも可能としている[25]。

現状，地方公共団体が学校司書を採用する際，司書資格や司書教諭資格を有することを採用の条件にしていたり，あるいはいずれの資格も求めていなかったりと，状況はまちまちである。『報告2016』は，今後，「地方公共団体等に対して，モデルカリキュラムを周知し，モデルカリキュラムの履修者である学校司書の配置を促進することが適切」としている[26]。

このカリキュラムに沿って，2017年度から亜細亜大学，青山学院大学，桃山学院大学などで学校司書の養成が始まり，翌2018年度においては少なくとも25大学で開講されていると考えられたこと，さらに2019年時点では，モデルカリキュラム開講大学は35校が把握できたことが報告されている[27]。

学校司書のモデルカリキュラムは，司書資格のための図書館に関する科目や

---

22 文部科学省．"令和2年度「学校図書館の現状に関する調査」の結果について"．https://www.mext.go.jp/a_menu/shotou/dokusho/link/1410430_00001.htm，（参照 2024-05-05）．
23 学校図書館の整備充実に関する調査研究協力者会議『これからの学校図書館の整備充実について（報告）』2016年．https://www.mext.go.jp/component/b_menu/shingi/toushin/__icsFiles/afieldfile/2016/10/20/1378460_02_2.pdf，（参照 2024-05-05）．
24 『報告2016』p. 17.
25 『報告2016』p. 18.
26 『報告2016』p. 17.
27 川原亜希世，岡田大輔「学校司書のモデルカリキュラム実施の実態について」『図書館界』2020年，vol. 72，no. 2，p. 75-81．https://doi.org/10.20628/toshokankai.72.2_75，（参照 2024-05-05）．

司書教諭資格のための司書教諭講習科目に比べて歴史が浅い。開講大学の今後の推移（変化や増減）を注視したい。

なお，衆議院で6項目，参議院で7項目にわたる附帯決議がなされた。共通する要素を抽出すれば，おおむね次のとおりである。

- 政府および地方公共団体は，現在の学校司書の配置水準を下げないこと。
- 政府は，学校司書の配置の促進のために現在講じられている措置の充実に努めるとともに，地方公共団体に対し，その趣旨を周知すること。
- 政府および地方公共団体は，学校司書が継続的・安定的に職務に従事できる環境の整備に努めること。
- 政府は，学校司書の職のあり方や，配置の促進や資質の向上のために必要な措置などについて，検討を行うこと。
- 政府および地方公共団体は，11学級以下の学校における司書教諭の配置の促進を図ること。
- 政府は，司書教諭および学校司書の職務のあり方について，実態を踏まえ検討を行うこと。

7条，8条はそれぞれ，学校図書館の整備充実のための学校の設置者の任務（7条），国の任務（8条）を定めている。実際，文部科学省は，公立の小中学校などの学校図書館の蔵書冊数の目標値として「学校図書館図書標準」を定め，「学校図書館図書整備等5か年計画」[28]などの地方財政措置を行っている。

2．国立国会図書館法

国立国会図書館法は1948（昭和23）年に制定された。つまり図書館法（1950年）や学校図書館法（1953年）に先行する法律である。国立国会図書館法には前文（法令の基本的立場を厳粛に宣明する必要がある場合に置かれるもので，憲法や教育基本法などに見られるが，一般の法令には置かないのが通例）があ

28　学校図書館図書整備等5か年計画は，子どもの読書活動の推進に関する法律（本書第3章1）や文字・活字文化振興法（本書第3章2）も背景にある。

り，「国立国会図書館は，真理がわれらを自由にするという確信に立つて，憲法の誓約する日本の民主化と世界平和とに寄与することを使命として，ここに設立される」と高らかに謳(うた)っている。

　国立国会図書館法は12章から成る。1章は国立国会図書館の設立および目的について規定している。国立国会図書館の目的は，「図書及びその他の図書館資料を蒐(しゅう)集(しゅう)し，国会議員の職務の遂行に資するとともに，行政及び司法の各部門に対し，更に日本国民に対し，この法律に規定する図書館奉仕を提供することを目的とする」としている（2条。ルビは筆者）。奉仕対象として，まず国会議員と行政・司法の各部門を，次に日本国民を挙げている。このことは，「国立国会図書館の図書館奉仕は，直接に又は公立その他の図書館を経由して，両議院，委員会及び議員並びに行政及び司法の各部門からの要求を妨げない限り，日本国民がこれを最大限に享受することができるようにしなければならない」という規定にも見て取れる（21条1項。下線は筆者）。だが，国立国会図書館の図書館奉仕を日本国民が最大限に享受することができるようにしなければならないと同項後半で定めているように，国民への奉仕を軽んじているわけでは決してない。

　2章は館長について定めている。館長は，衆参両議院の議長が，両議院の議院運営委員会と協議の後，国会の承認を得て任命する（4条1項）。職務の執行上過失がない限り在職し，政治活動を慎む。政治的理由により罷免されることはない。ただし両議院の議長の共同提議によっては罷免されることがある（同条2項）。

　館長は「一年を超えない期間ごとに，前期間中に日本国内で刊行された出版物の目録又は索引を作成し，国民が利用しやすい方法により提供する」ものとされている（7条）。この規定に基づいて作成・提供されるのが「全国書誌データ」などで，現在は国立国会図書館サーチ（国立国会図書館の所蔵資料やデジタル資料の検索や，閲覧・コピーの申し込み，同館とデータ連携している全国の図書館の所蔵資料を検索することなどができるサービス）などを通じて提供されている。

　また，館長は「出版に適する様式で日本の法律の索引を作る」ものとされている（8条）。この規定に基づき，国立国会図書館は「日本法令索引」を提供

している。冊子体は現在刊行しておらず，それに替わり，インターネット上のデータベースとして「日本法令索引」と「日本法令索引〔明治前期編〕」を公開している。

　国立国会図書館は，「中央の図書館並びにこの法律に規定されている支部図書館及び今後設立される支部図書館」で構成される（3条）。それらの中でも，調査及び立法考査局や関西館，国際子ども図書館など，特に有名な部局がある。

　調査及び立法考査局は6章で規定している。「館長は，国立国会図書館内に調査及び立法考査局と名附ける一局を置く」とし（15条），その職務を次のように定めている（同条各号）。

- 法案や案件を分析・評価すること。
- 立法関連資料の収集や編集などを行い，党派的，官僚的偏見に捉われることなく，両議院，委員会および議員に役立つ資料を提供すること。
- 立法準備に際し，議案起草の奉仕を提供すること。
- 両議院，委員会および議員の必要が妨げられない範囲において行政・司法の各部門または一般公衆に収集資料を提供して利用させること。

　関西館は6章の2で規定している。「中央の図書館に，関西館を置く」とあるとおり，関西館（所在地：京都府相楽郡）は支部図書館でなく，中央の図書館と位置づけている（16条の2第1項）。一方，国際子ども図書館（所在地：東京都台東区）は8章で「おおむね十八歳以下の者が主たる利用者として想定される図書及びその他の図書館資料に関する図書館奉仕を国際的な連携の下に行う支部図書館」としている（22条1項。下線は筆者）。

　国立国会図書館は，国立国会図書館組織規程で「館に，館長，副館長及び専門調査員のほか，次の職員を置く」とし，「司書」や「調査員」，「参事」などを挙げている（同規程12条各号）[29]。ちなみに国会職員法にも「国立国会図書館の館長，副館長，司書，専門調査員，調査員及び参事」という記述がある（1条3号）。

---

[29] 国立国会図書館．"国立国会図書館組織規程"．https://www.ndl.go.jp/jp/aboutus/laws/pdf/a1105.pdf，（参照 2024-05-05）．

調査及び立法考査局に配属される正職員は調査員または専門調査員，総務部，関西館総務課に配属される正職員は参事，それ以外の部署（関西館（総務課以外）や国際子ども図書館もこれに含まれる）に配属される正職員は司書という官職になる。配属に当たって資格要件などはない。すなわち，ここでいう司書は図書館法の司書とは異なる[30, 31]。

　国立国会図書館法に話を戻す。国会議員の職務の遂行に資することについて6章を中心に具体的に定めているのに対し，行政および司法の各部門への奉仕については7章で，一般公衆および公立その他の図書館に対する奉仕については8章で，それぞれ規定している。例えば，国立国会図書館の収集資料や「インターネットその他の高度情報通信ネットワークを通じて閲覧の提供を受けた図書館資料と同等の内容を有する情報」（電子ジャーナルやデータベースなど）を「国立国会図書館の建物内で若しくは図書館相互間の貸出しで，又は複写若しくは展示によつて，一般公衆の使用及び研究の用に供する」（21条1項1号）ことや，「あらゆる適切な方法により，図書館の組織及び図書館奉仕の改善につき，都道府県の議会その他の地方議会，公務員又は図書館人を援助する」（同項2号）ことなどを定めている。

　国立国会図書館は，法律によって国内の全出版物を収集しようとする，法定納本図書館である。その根拠が10章および11章である（10章と11章の規定のほか，購入や寄贈，国際交換などによって図書館資料を収集することもできる）。

　10章は国，地方公共団体，独立行政法人などによる出版物の納入について定めている。次のいずれかに該当する出版物（機密扱いのものや，書式・ひな形などの簡易なものを除く）を発行したときは，当該機関は，直ちに国立国会図書館にそれを納入しなければならない（24条1項）。

30　国立国会図書館．"国立国会図書館について"．https：//www.ndl.go.jp/jp/event/events/lff2019_forum6.pdf，（参照 2024-05-05）．
31　以上までの本節の記述について，国立国会図書館の複数の部局，すなわち
　　収集書誌部 収集・書誌調整課様
　　調査及び立法考査局 議会官庁資料課様
　　に2024年5〜6月に電話およびメールにて，筆者からの照会に対してご教示をいただいた。この場を借りて感謝を申し上げる。

- 図書
- 小冊子
- 逐次刊行物（雑誌，新聞など）
- 楽譜
- 地図
- 映画フィルム（ただし，附則により，「当分の間」納入を免除することができるとしている）
- 印刷その他の方法により複製した文書または図画（マイクロフィルムや写真など）
- 蓄音機用レコード
- 電子的方法，磁気的方法その他の人の知覚によっては認識することができない方法により文字，映像，音またはプログラムを記録した物（CD-ROM，DVDやビデオなどのパッケージ系電子出版物）

　上記出版物の納入部数については，国の諸機関によって，または国の諸機関のために発行された場合は30部以下，独立行政法人などの場合は5部以下，都道府県または市（特別区を含む）の場合も5部以下，町村の場合は3部以下，などの規定がある（24条1項，2項，24条の2第1項，2項）。

　11章はその他の者による出版物の納入について定めている。民間の出版社や新聞社，レコード会社，自費出版の発行者などが上記の出版物を発行した場合は，文化財の蓄積およびその利用に資するため，発行の日から30日以内に，最良版の完全なもの1部を国立国会図書館に納入しなければならない（25条1項）。出版物を納入した者に対しては，費用に相当する金額を代償金として館長が交付する（同条3項）。一方，正当な理由なく納入をしなかった場合，出版物の小売価格の5倍以下の過料[32]を科すとしている（25条の2第1項）。だが実際に適用された例はない。納入期限や部数，代償金や過料の有無が国，地方公共団体，独立行政法人などの場合と異なっている。

　CD-ROM，DVDなどのパッケージ系電子出版物を国立国会図書館が収集す

32　過料は，刑罰である罰金および科料とは異なる。

ることを上で述べた。さらに，2009（平成21）年の法改正以降，公的機関がインターネット上で公開している資料も収集の対象としている（11章の2「国，地方公共団体，独立行政法人等のインターネット資料の記録」）。また，2012年の法改正で，公的機関以外の者がインターネットなどにより利用可能としている情報のうち，図書，逐次刊行物に相当するもの（電子書籍）について，国立国会図書館への送信などを納本制度に準じて義務付けた（11章の3「オンライン資料の記録」）。ただし，有償またはDRM（Digital Rights Management System，技術的制限手段）が付されたもの（市販の電子書籍など）については，費用補償が未決であるため，当分の間対象外としていた。2022（令和4）年の法改正で，それらも収集対象に追加されることになり，翌2023年から収集を開始した。

　11章の2に基づき，国立国会図書館は2010年から「インターネット資料収集保存事業」（WARP）の名の下（事業自体は2002年から開始。当初の名称は「インターネット資源選択的蓄積実験事業」），公的機関のウェブサイトなどを網羅的に収集してきた（民間のウェブサイトや電子書籍，電子雑誌などについて，出版者から個別に許諾を得て，選択的な収集もしてきた）。公的機関のウェブサイトなどで，現在既に閲覧が不可能になっているものも，WARPのウェブサイト内で閲覧可能な場合が多数存在する（インターネット上での公開について発信者の許諾が得られていない場合などは，同館の施設内での限定公開）。

　11章の3に基づき，同館は2013年から「オンライン資料収集制度」（愛称：eデポ）として，民間で出版された電子書籍，電子雑誌などを収集・保存している。収集した資料を「国立国会図書館デジタルコレクション」の一部として閲覧などに供している（同館の施設内。権利者から許諾を得られた場合はインターネット上で公開）。

3．大学設置基準

　日本では，大学図書館のための法律はなく（国立大学法人法（2003（平成15）年制定）や私立学校法（1949（昭和24）年制定）にも図書館についての規定はない），大学設置基準（1956年制定）によって基準の大枠が示されている。

大学設置基準は、学校教育法に基づき定められた文部省（現・文部科学省）の省令であり、大学を設置するのに必要な最低基準を規定するものである。大学は、本設置基準より低下した状態にならないようにすることはもとより、学校教育法109条1項の点検・評価の結果、ならびに認証評価の結果を踏まえ、教育研究活動などについて不断の見直しを行うことにより、その水準の向上を図ることに努めなければならない（1条）。

　教育研究上の基本組織や教員の資格、収容定員、教育課程、卒業の要件などを本設置基準は定めている。図書館（すなわち大学図書館）は「校地、校舎等の施設及び設備等」（8章）で扱っている。

　まず、「大学は、その組織及び規模に応じ、教育研究に支障のないよう、教室、研究室、図書館、医務室、事務室その他必要な施設を備えた校舎を有するものとする」として、教室や研究室などのほか、図書館を挙げている（36条1項）。かつ、「夜間において授業を行う学部（以下「夜間学部」という。）を置く大学又は昼夜開講制を実施する大学にあつては、教室、研究室、図書館その他の施設の利用について、教育研究に支障のないようにするものとする」としている（同条4項）。夜間学部などでは、教育研究に支障がないよう、図書館の開館時間やサービス時間などに配慮が求められよう。

　次に、「教育研究上必要な資料及び図書館」（38条）で以下のように規定している。

- 大学は、教育研究を促進するため、学部の種類や規模などに応じ、図書や学術雑誌、電磁的方法により提供される学術情報、その他の教育研究上必要な資料（以下「教育研究上必要な資料」）を、図書館を中心に系統的に整備し、学生、教員および事務職員などへ提供する（1項）。
- 図書館は、教育研究上必要な資料の収集、整理を行うほか、その提供に当たって必要な情報の処理および提供のシステムの整備、その他必要な環境の整備に努めるとともに、教育研究上必要な資料の提供に関し、ほかの大学の図書館などとの協力に努める（2項）。
- 図書館には、その機能を十分に発揮させるために必要な専門的職員その他の専属の教員または事務職員などを置く（3項）。

大学設置基準には、大きな改正が過去に複数回実施されてきた。直近では、「学修者本位の大学教育の実現」「社会に開かれた質保証の実現」の観点から、2022（令和4）年に改正が行われた。

　図書館に関しては、改正前は、図書、学術雑誌、視聴覚資料その他の教育研究上必要な資料を、図書館を中心に系統的に備えるとしていた（改正前38条1項）。改正後は上記のとおり、資料の例示として電子ジャーナルなどを念頭に「電磁的方法により提供される学術情報」が加わったほか、図書館に閲覧室や整理室などを備えることを求める規定（改正前38条4項）を削除するなどし、紙の図書のみを想定したような規定を見直し、電子ジャーナルなどを含めた多様な資料の整備促進を志向している。

　また、やはり上記のとおり、図書館の機能を十分に発揮させるため、必要な専門的職員だけでなく「専属の教員」などを置くこととされている。「必要な」であるから、各大学が必要と認めた場合に置かれる。規定上は2022年改正で加わった部分だが、従来から、大学図書館に専属の教員を置き、例えば、大学図書館機能に関する研究（オープンアクセスなどの学術情報流通、メタデータ設計・標準化、大学図書館評価など）や学術情報リテラシー教育の企画・講義担当、その他大学図書館サービスの計画などに従事する例が見られる。大学教員の求人サイトJREC-INなどを検索してもヒットする場合がある[33]。

　さらに今後は、特定主題や学問分野の専門的知識や学位を持ち、その知見をもとにレファレンスサービスや選書、目録業務などを行うサブジェクトライブラリアン（主題資料専門家）を「専門的職員」や「専属の教員」として雇用するケースが増えることへの期待が図書館界では見られる[34]。大学全体として図書館（員）をどれだけ重視するかが大きく関わってくると思われる（本書は、サブジェクトライブラリアンを否定するものではない。だが、第5章4で紹介するような専門職については、その節の最後に述べるように、批判的な見方もできよう）。

　なお、1条1項に「専門職大学及び短期大学を除く」とある。だが専門職大

33　JREC-IN Portal. https://jrecin.jst.go.jp/seek/SeekTop,（参照 2024-05-05）.
34　一例を挙げれば次の文献のとおり。
　　日本図書館協会図書館年鑑編集委員会編『図書館年鑑2023』日本図書館協会, 2023年, p. 18.

学設置基準（2017年制定）や短期大学設置基準（1975年制定）が別にあり，そこで，大学設置基準と同様の基準を専門職大学や短期大学図書館についても定めている。また，図書館の世界で「大学図書館」というとき，高等専門学校図書館を含むことも多いが，それについては高等専門学校設置基準（1961年制定）で規定している。

4．身体障害者福祉法

身体障害者福祉法（1949（昭和24）年制定）は，「障害者の日常生活及び社会生活を総合的に支援するための法律（平成十七年法律第百二十三号）と相まつて，身体障害者の自立と社会経済活動への参加を促進するため，身体障害者を援助し，及び必要に応じて保護し，もつて身体障害者の福祉の増進を図ること」を目的とする法律である（1条）。

点字図書館は「視聴覚障害者情報提供施設とみなす」と附則にあり，視聴覚障害者情報提供施設とは以下のための施設である旨を本則34条で定めている。

- 無料または低額な料金で，点字刊行物，視覚障害者用の録音物，聴覚障害者用の録画物などを製作する。または，それらを視聴覚障害者の利用に供する。
- 点訳や手話通訳などを行う者の養成・派遣などを行う。

視聴覚障害者情報提供施設は，身体障害者福祉センター，補装具製作施設，盲導犬訓練施設と並んで，身体障害者社会参加支援施設と呼ばれる（5条1項）。

身体障害者福祉法施行令[35]では，29条（厚生労働省令への委任）で「この政令に定めるもののほか，［中略］身体障害者社会参加支援施設について必要な事項は，厚生労働省令で定める」としており，厚生労働省の省令「身体障害者社会参加支援施設の設備及び運営に関する基準」が点字図書館の設備の基準（35条）や点字図書館の職員の配置の基準（38条），点字図書館の施設長の資格

---

[35] 施行令とは，法律の委任に基づく事項や法律の施行に必要な細則を定めた政令（法令用語研究会編『有斐閣法律用語辞典』第5版，有斐閣，2020年，p.486）。

要件（41条1項）を定めている。つまり，文部科学省が公共図書館，学校図書館，大学図書館を管轄しているのに対して，厚生労働省が点字図書館の所管をしている。

上記の基準35条は，点字図書館には，おおむね次の各号に掲げる設備を設けなければならないとしている（1項各号）。また，点字刊行物および視覚障害者用の録音物の利用に必要な機械器具などを備えなければならない（3項）。

- 閲覧室
- 録音室
- 印刷室
- 聴読室
- 発送室
- 書庫
- 研修室
- 相談室。室内における談話の漏えいを防ぐための間仕切りなどを設けなければならない（35条2項）。
- 事務室

上記の基準38条は，点字図書館に置くべき職員およびその数を規定している。施設長1名，点字指導員1名以上，貸出閲覧員または情報支援員1名以上，校正員または音声訳指導員1名以上と並んで，司書が1名以上とされている（1項）。また，これらの職員に加えて，当該点字図書館の運営に必要な職員を置かなければならない（2項）。

上記の基準41条が点字図書館の施設長の資格要件を定めており，司書として3年以上勤務した者，社会福祉事業に5年以上従事した者，またはこれらと同等以上の能力を有すると認められる者でなければならない（1項）。

上の「司書」とは「図書館法第五条に定める資格を有する者を原則とするが，専門的業務に関し，相当の学識経験を有する者をもって，これに代えることができる」との通知がある[36]。

視覚障害者情報提供施設などから成る全国視覚障害者情報提供施設協会（全

視情協)の会員施設・団体数は97に上っている(2024年4月時点)[37]。

　点字図書館は,著作権法における障害者サービス関連規定(本書第4章3(4)③)や,図書館の障害者サービスに関係する法令(本書第3章4,5)とも関わりが深い。本書の該当箇所も参照してほしい。

36　厚生労働省."身体障害者更生援護施設の設備及び運営について(平成一二年六月一三日)(障第四六四号)(各都道府県知事・各指定都市市長・各中核市市長あて厚生省大臣官房障害保健福祉部長通知)". https://www.mhlw.go.jp/web/t_doc?dataId=00ta8692&dataType=1&pageNo=1,(参照 2024-05-05).

37　全国視覚障害者情報提供施設."全視情協会員施設・団体". https://www.naiiv.net/zensijokyo/member_list/,(参照 2024-05-05).

第3章
図書館サービスに関連する法令 – 1

　前章まで，公共図書館，学校図書館，国立国会図書館，大学図書館，点字図書館それぞれの設置根拠である法令を解説した。本章では，図書館の直接の設置根拠ではないものの，図書館サービスに深く関連する法令を取り上げる。

1．子どもの読書活動の推進に関する法律

　子どもの読書活動の推進に関する法律（略称：子ども読書活動推進法。子どもの読書活動推進法や，子どもの読書推進法と呼ばれることもある）は，2001（平成13）年に制定された。基本理念を2条で次のとおり述べている。

> 　子ども（おおむね十八歳以下の者をいう。以下同じ。）の読書活動は，子どもが，言葉を学び，感性を磨き，表現力を高め，創造力を豊かなものにし，人生をより深く生きる力を身に付けていく上で欠くことのできないものであることにかんがみ，すべての子どもがあらゆる機会とあらゆる場所において自主的に読書活動を行うことができるよう，積極的にそのための環境の整備が推進されなければならない。

　3条から6条で，基本理念を実現するための国や地方公共団体の責務，事業者の努力，保護者の役割を以下のように規定している。

- 国の責務（3条）：基本理念にのっとり，子どもの読書活動の推進に関する施策を総合的に策定・実施する。
- 地方公共団体の責務（4条）：基本理念にのっとり，国との連携を図りつつ，地域の実情を踏まえ，子どもの読書活動の推進に関する施策を策定・

実施する。

- 事業者の努力（5条）：基本理念にのっとり，子どもの読書活動が推進されるよう，子どもの健やかな成長に資する書籍などの提供に努める。事業者とは，法制定に関わった議員（当時）によれば，出版事業者，書店経営者，流通事業者などを指す[1]。
- 保護者の役割（6条）：子どもの読書活動の機会の充実および読書活動の習慣化に積極的な役割を果たす。

また，7条で「国及び地方公共団体は，子どもの読書活動の推進に関する施策が円滑に実施されるよう，学校，図書館その他の関係機関及び民間団体との連携の強化その他必要な体制の整備に努めるものとする」として，国・地方公共団体と関係機関などとの連携強化についても定めている。

さらに，政府は，子どもの読書活動の推進に関する施策の総合的かつ計画的な推進を図るため，「子どもの読書活動の推進に関する基本的な計画」を策定しなければならない（8条1項）。本条に基づき，内閣は，子どもの読書活動の推進に関する基本的な計画を2002年（第一次），2008年（第二次），2013年（第三次），2018年（第四次），2023（令和5）年（第五次）に，それぞれ閣議決定した。

都道府県・市町村は，「子どもの読書活動の推進に関する基本的な計画」を基本とするとともに，都道府県における子どもの読書活動の推進に関する施策についての計画（「都道府県子ども読書活動推進計画」），市町村における子どもの読書活動の推進に関する施策についての計画（「市町村子ども読書活動推進計画」）をそれぞれ策定するよう努めなければならない（9条1項，2項）。

2024年に公表された文部科学省の資料によれば，子どもの読書活動推進計画の策定率は都道府県で100％，市は96.4％，町村は78.6％であり（2022年度末時点），市町村の策定率は都道府県ごとに見るとばらつきがあるものの，全体としては増加傾向にある[2]。

10条は，「国民の間に広く子どもの読書活動についての関心と理解を深める

1　肥田美代子「21世紀を拓く子どもの読書活動推進法：本を読む国・日本へ」『学校図書館』2002年，no. 618, p. 18-20.

とともに、子どもが積極的に読書活動を行う意欲を高めるため、子ども読書の日を設ける」（1項）とし、それを4月23日としている（2項）。さらに、国および地方公共団体は、子ども読書の日の趣旨にふさわしい事業を実施するよう努めなければならない、と規定している（3項）。

ちなみにその日は、世界図書・著作権デー（ユネスコが制定した、読書、出版、著作権保護の促進に関する国際デー）や、サン・ジョルディの日（スペインの伝統的な本の日。本や花を贈る記念日）でもある。また、公益社団法人読書推進運動協議会が主催する、こどもの読書週間（4月23日～5月12日の約3週間）の初日にも当たる。子ども読書の日に合わせて読書フェスティバルを行っている例もある[3]。子ども読書の日に関する各地域の取り組みについては、文部科学省のウェブページが参考になる[4]。

財政上の措置などについても11条で定めており、「国及び地方公共団体は、子どもの読書活動の推進に関する施策を実施するため必要な財政上の措置その他の措置を講ずるよう努めるものとする」としている。

本法制定の背景には、子どもの読書習慣の未形成に対処しようとする気運があった。2000年を「子ども読書年」とする衆参両院の決議がなされ、同年、国際子ども図書館（本書第2章2）が開館した（全面開館は2002年）。一層の読書振興のため、超党派の「子どもの未来を考える議員連盟」によって本法が国会に提出された。

本法に対しては、読書活動は私的で自主的な営みであるべきであり、法律による規定にはなじまない、「子どもの健やかな成長に資する書籍等」（5条）という規定が一定の価値観を押し付けることにならないか、といった意見もある。

そのような批判や懸念に対して、本法は子どもに読書を強制するものではなく、子どもが主体的に読書することができる環境を整えることが目的であると、法制定に関わった議員は強調している[5]。本法の附帯決議も、行政の不当な干

---

2 子ども読書の情報館. "関連データ・資料等". https://www.kodomodokusyo.go.jp/happyou/datas.html,（参照 2024-05-05）.
3 学校図書館問題研究会編『学校司書って、こんな仕事：学びと出会いをひろげる学校図書館』かもがわ出版, 2014年, p.110.
4 子ども読書の情報館. "子ども読書の日". https://www.kodomodokusyo.go.jp/happyou/torikumi.html,（参照 2024-05-05）.

渉があってはならないことや、図書館や事業者の自主性が尊重されるべきことなどを求めている。

　なお、本法の附帯決議の3には「子どもがあらゆる機会とあらゆる場所において、本と親しみ、本を楽しむことができる環境づくりのため、学校図書館、公共図書館等の整備充実に努めること」とある。学校図書館図書整備等5か年計画の財政措置（本書第2章1）は、学校図書館法（同）や文字・活字文化振興法（本章2）だけでなく、この附帯決議および本法11条も背景にある。

▶**子どもの読書活動の推進に関する基本的な計画** ……………………………………

　子どもの読書活動の推進に関する法律8条に基づき、子どもの読書活動の推進に関する基本的な計画を内閣が閣議決定している。2002年からの第一次、2008年からの第二次、2013年からの第三次、2018年からの第四次に続いて、2023年からの第五次に移った。

　以上は全てインターネット上で閲覧できるが[6]、ここでは、本書刊行時点で最新の、第五次の計画についてポイントを整理しておく。

　本計画は、学校図書館だけにとどまらない総合的な施策であり、新型コロナウイルスの感染拡大の影響やOECD生徒の学習到達度調査、家庭や地域の取り組みなど、さまざまな事項に言及している。基本的方針として以下の4点を挙げている。

- 不読率（1カ月の間に本を1冊も読まない児童生徒の割合）の低減。学校図書館に関するオリエンテーションなどの、学校種間の移行段階に着目した取り組みや、乳幼児期からの読み聞かせを推進する。特に高校生の不読率の低減については、乳幼児期から中学生までの切れ目ない読書習慣の形成を促すとともに、探究的な学習活動での学校図書館の利活用など、主体

5　河村建夫「子どもの読書活動の推進に関する法律の制定」『学校図書館』2002年、no. 618、p. 15-17.
　　肥田美代子「21世紀を拓く子どもの読書活動推進法：本を読む国・日本へ」『学校図書館』2002年、no. 618、p. 18-20.
6　子ども読書の情報館．"関係法令等"．https://www.kodomodokusyo.go.jp/happyou/hourei.html、（参照 2024-05-05）.

的に読書に興味・関心を持てるような取り組みの推進を図る。
- 多様な子どもたちの読書機会の確保。障害のある子どもや日本語指導を必要とする子どもなど，多様な子どもたちに対応した取り組みを行う。「視覚障害者等の読書環境の整備の推進に関する基本的な計画」（通称：読書バリアフリー基本計画。本書第3章5も参照）などを踏まえ，多様な子どもたちが利用しやすい書籍および電子書籍の整備・提供や，多言語対応など，学校図書館や図書館などの読書環境の充実に努める。
- デジタル社会に対応した読書環境の整備。GIGAスクール構想[7]などの進展やデジタル田園都市国家構想[8]を踏まえ，学校図書館や図書館のDX（デジタルトランスフォーメーション）を進める。その際，学校図書館と図書館の連携や，個々の発達段階や状況に応じて紙媒体や電子媒体を柔軟に選択することなどに積極的に取り組む。
- 子どもの視点に立った読書活動の推進。子どもの最善の利益を実現する観点から，子どもの意見を年齢や発達段階に応じて適切に政策に反映させていくことが求められている。そのため，子どもの読書活動の推進に当たっても，子どもが主体的に読書活動を行えるよう，アンケートなどさまざまな方法で，子どもの視点に立った読書活動の推進を行う。

上のほか，教師（司書教諭を含む），学校司書，保育士，司書，指導主事，社会教育主事，ボランティアなど関係者の連携協力や，読書会やビブリオバトルなどの推奨，図書委員の活動促進，第6次学校図書館整備等5か年計画に基づく整備促進，「学校図書館ガイドライン」（本書第5章3（2））などの見直しの検討，司書教諭，学校司書の配置促進など，学校図書館に関わる事項に多数言及している[9]。

---

7 文部科学省．"GIGAスクール構想の実現について"．https://www.mext.go.jp/a_menu/other/index_00001.htm，（参照 2024-05-05）．
8 デジタル田園都市国家構想．https://www.cas.go.jp/jp/seisaku/digitaldenen/index.html，（参照 2024-05-05）．
9 ビブリオバトルや図書委員などについては拙著も参照していただきたい。
後藤敏行「第8章 学校図書館のサービス・活動」『学校図書館の基礎と実際』樹村房，2018年，p. 117-128．

2．文字・活字文化振興法

　子どもの読書活動の推進に関する法律の制定後，経済協力開発機構（Organisation for Economic Co-operation and Development：OECD）が2003（平成15）年に発表した「生徒の学習到達度調査」（Programme for International Student Assessment：PISA）で，日本の高校生の読解力が低下しているというデータが出たことや，出版不況に悩む出版界の要請，子どもだけでなく大人の方こそ読書離れがあるとの認識などが背景となり，文字・活字文化の振興を図ることが重要な政策課題と見なされるようになった。

　超党派の「活字文化議員連盟」（メンバーの多くは，子どもの未来を考える議員連盟（本章1）にも参加していた）によって国会で議論が重ねられ，2005年に文字・活字文化振興法が制定された。目的や理念，および図書館に関連する箇所を中心に以下で解説する[10]。

　1条で目的を規定しているが，長い一文で書いてある。整理すれば，「文字・活字文化が，人類が長い歴史の中で蓄積してきた知識及び知恵の継承及び向上，豊かな人間性の涵養並びに健全な民主主義の発達に欠くことのできないものであることにかんがみ」，日本における文字・活字文化の振興に関する施策の総合的な推進を図り，知的で心豊かな国民生活および活力ある社会の実現に寄与することを目的としている。

　「文字・活字文化」を2条で定義している。これも整理すれば，次のとおりである。以下は，2019（令和元）年に制定された，視覚障害者等の読書環境の整備の推進に関する法律にも引き継がれている（本章5）。

- 活字その他の文字を用いて表現されたもの（文章）を読むこと・書くことを中心とした精神的な活動，出版活動，その他の文章を人に提供するための活動
- 出版物その他の上記の活動の文化的所産

---

[10] 子どもの読書活動の推進に関する法律に対する批判と同様，文字・活字文化は一人一人の内面に関わることであり，法律による振興にはそぐわないという意見もある。

3条で基本理念を以下のように定めている。

- 文字・活字文化の振興に関する施策の推進は，全ての国民が，その自主性を尊重されつつ，生涯にわたり，地域，学校，家庭その他のさまざまな場において，居住する地域，身体的な条件その他の要因にかかわらず，等しく豊かな文字・活字文化の恵沢を享受できる環境を整備することを旨として，行われなければならない（1項）。
- 文字・活字文化の振興に当たっては，国語が日本文化の基盤であることに十分配慮されなければならない（2項）。
- 学校教育においては，全ての国民が文字・活字文化の恵沢を享受することができるようにするため，その教育の課程の全体を通じて，読む力および書く力ならびにこれらの力を基礎とする言語に関する能力（言語力）の涵養に十分配慮されなければならない（3項）。

本法の解説記事によれば，言語力とは「文章を読む力や書く力のほか，これらの力を基礎として，的確な情報を収集し調べる力や，考えや意見を他者に伝える力などをも含む概念」[11]である。本法の言語力の概念が，学習指導要領の言語活動の充実という教育政策に受け継がれているとの指摘がある[12]。

基本理念にのっとり，国は，文字・活字文化の振興に関する施策を総合的に策定・実施する責務を有する（4条）。地方公共団体は，国との連携を図りつつ，地域の実情を踏まえ，文字・活字文化の振興に関する施策を策定・実施する責務を有する（5条）。また，国および地方公共団体は，文字・活字文化の振興に関する施策が円滑に実施されるよう，図書館，教育機関その他の関係機関や民間団体との連携の強化，その他必要な体制の整備に努める，と規定している（6条）。

7条と8条には，図書館に関する規定が複数ある。7条は，地域における文

---

11 赤間圭祐「文字・活字文化振興法」『法令解説資料総覧』2005年，no. 286，p. 9-10.
12 坂田仰ら編『教育改革の動向と学校図書館』八千代出版，2012年，p. 8.
「シリーズ学校図書館学」編集委員会編『学校経営と学校図書館』全国学校図書館協議会，2011年，p. 64.

字・活字文化の振興と図書館について，次のように規定している。

- 市町村は，図書館奉仕に対する住民の需要に適切に対応できるようにするため，必要な数の公立図書館を設置し，および適切に配置するよう努める（1項）。
- 国と地方公共団体は，公立図書館が住民に対して適切な図書館奉仕を提供することができるよう，司書の充実などの人的体制の整備，図書館資料の充実，情報化の推進などの物的条件の整備その他必要な施策を講ずる（2項）。
- 国と地方公共団体は，大学その他の教育機関が行う図書館の一般公衆への開放，文字・活字文化に係る公開講座の開設などを促進するため，必要な施策を講ずるよう努める（3項）。

8条は，学校教育における言語力の涵養について定めている。2014年の学校図書館法改正（学校司書の法制化）について既に述べた（本書第2章1）。文字・活字文化振興法も，以下のとおり学校司書（以下では「学校図書館に関する業務を担当するその他の職員」）に言及している（8条2項）。学校図書館法改正より前は，学校司書に法律が言及している唯一の例が次の箇所だった。

> 国及び地方公共団体は，学校教育における言語力の涵養に資する環境の整備充実を図るため，司書教諭及び学校図書館に関する業務を担当するその他の職員の充実等の人的体制の整備，学校図書館の図書館資料の充実及び情報化の推進等の物的条件の整備等に関し必要な施策を講ずるものとする。

10条は，「国は，学術的出版物の普及が一般に困難であることにかんがみ，学術研究の成果についての出版の支援その他の必要な施策を講ずるものとする」と規定している。一般に，学術的出版物の市場は小さく，採算を取りづらいため出版が難しい。支援のための施策となると，直接的には研究者への研究資金（出版経費）の拠出ということになろうが，学術的出版物の買い手であり，出版物と読者のつなぎ手である図書館への支援も一つの方法だろう。

11条は，10月27日を文字・活字文化の日とすることを定めている。その日は，公益社団法人読書推進運動協議会の主催により全国でさまざまな行事が行われている，読書週間（文化の日を中心にした2週間，10月27日～11月9日）の初日に当たる。子ども読書の日（本章1）と同様，文字・活字文化の日や読書週間に合わせて，学校図書館が行事を行う場合がある[13]。

以上のほか，文字・活字文化の国際交流（9条）や，財務上の措置（12条）などを定めている。

本法制定後の2008年，「国民読書年に関する決議」が衆参両院全会一致で採択され，本法制定5周年に当たる2010年を「国民読書年」に制定することになった。2010年の国民読書年には，関連行事や広報番組の放送が行われた。

子どもの読書活動の推進に関する法律と文字・活字文化振興法を具現化し，文字・活字文化振興に関する言語力の向上や人材育成，能力開発事業などに取り組む団体に公益財団法人文字・活字文化推進機構がある。上記の国民読書年が国会で採択された際，その報告集会を憲政記念館講堂（東京都千代田区）で開催するなどしている[14]。

3．個人情報の保護に関する法律

現在，経済・社会の情報化の進展に伴い，コンピュータやネットワークを利用して大量の個人情報が処理されている。こうした個人情報の取り扱いは，今後ますます拡大していくと予想される。だが個人情報は，その性質上，いったん誤った取り扱いをされると，個人に取り返しの付かない被害を及ぼす恐れがある。実際，事業者からの顧客情報などの大規模な流出や，個人情報の売買事件が多発し，社会問題化している。

上のような状況を背景に，個人情報の保護に関する法律（略称：個人情報保

13　学校図書館問題研究会編『学校司書って，こんな仕事：学びと出会いをひろげる学校図書館』かもがわ出版，2014年，p. 100.
　　後藤敏行『図書館員をめざす人へ』増補改訂版，勉誠社，2024年，p. 178-179.
14　文字・活字文化推進機構．"「国民読書年」国会決議に関する報告集会を開催"．https://www.mojikatsuji.or.jp/events/2008/06/16/218/，（参照 2024-05-05）．

護法）が2003（平成15）年に制定，2005年に全面施行された。

　現在まで，本法には大きな改正が3度行われた。法制定当初，個人情報の保護に関する法律のほかにも「行政機関の保有する個人情報の保護に関する法律」や「独立行政法人等の保有する個人情報の保護に関する法律」などがあり（いずれも2003年制定），民間部門や行政機関など，適用分野ごとに法律が分かれていた。3度目の大改正となる2021（令和3）年改正（デジタル社会の形成を図るための関係法律の整備に関する法律）で，ルールの集約・一体化を目的に，これらの法律や地方公共団体の個人情報保護制度が個人情報保護法に統合され，個人情報保護に関する全国的な共通ルールが定められた。

　以下，個人情報の保護に関する法律の主な内容を，できるだけ図書館に即した例を挙げながら見ていこう。

　用語を2条で定義している。それらを順に整理すれば以下のとおりである。

　「個人情報」とは次のいずれかに該当するものをいう。すなわち，生存する個人に関する情報で，そこに含まれる氏名，生年月日その他の記述などにより特定の個人を識別することができるもの（ほかの情報と容易に照合することができ，それにより特定の個人を識別することができることとなるものを含む。2条1項1号），および，生存する個人に関する情報で，個人識別符号が含まれるもの（同項2号）である。日常会話的な表現を使えば，「この人のことだと分からせてしまう情報」が個人情報だといってよい。

　後者の個人識別符号とは，顔認証データや指紋認証データ，虹彩，声紋，歩行の態様，手指の静脈，掌紋などのデータなど，身体の一部の特徴を電子処理のために変換した符号で，特定の個人を識別することができるもの（2条2項1号），およびパスポート番号，基礎年金番号，運転免許証番号，住民票コード，マイナンバー，保険者番号など，サービスの利用や，カードなどの書類の発行において利用者ごとに割り振られる符号で，特定の利用者・購入者や，発行を受ける者を識別することができるもの（同項2号）のうち，政令や施行規則で定めるもののことである。

　図書館でいえば，利用者や図書館員の情報（氏名や住所，生年月日など），さらに，図書館目録の著者名や，人名録などの図書館資料に記載されている氏名などは，当該個人が生存していれば個人情報に当たる。また，図書館の入退

館記録や貸出記録など，それだけでは特定の個人を識別できない情報も，利用者IDなどと照合することで特定の個人を識別できる場合には，個人情報に含まれる。なお，ある個人（著者など）が既に死亡していても，その人に関する情報が，生存する別の個人（遺族など）の情報でもある場合には，当該生存者に関する個人情報となる。

　本人の人種，信条，社会的身分，病歴，犯罪の経歴，犯罪被害の事実など，本人に対する不当な差別，偏見その他の不利益が生じないために，取り扱いに特に配慮を要する個人情報（いわゆる機微情報）を「要配慮個人情報」とし（2条3項），個人情報取扱事業者による取得に際しては，本人同意を得ることを原則として義務化している（20条2項）。

　個人情報に含まれる記述などの一部を削除したり，個人識別符号の全部を削除したりして，ほかの情報と照合しない限り特定の個人を識別することができないように個人情報を加工した，個人に関する情報を「仮名加工情報」という（2条5項）。

　個人情報に含まれる記述などの一部を削除したり，個人識別符号の全部を削除したりして，特定の個人を識別することができないように個人情報を加工し，かつ，復元できないようにした，個人に関する情報を「匿名加工情報」と呼ぶ（2条6項）。

　生存する個人に関する情報であって，個人情報，仮名加工情報，匿名加工情報のいずれにも該当しないものを「個人関連情報」としている（2条7項）。具体的には，ある個人の属性情報（性別・年齢・職業など）や，ある個人のウェブサイトの閲覧履歴，ある個人の位置情報などが想定される[15]。

　近年，AIやIoT[16]，クラウドサービスや5Gなどのデジタル技術の飛躍的な進展により，多種多様で膨大なデータの収集・分析などが容易化かつ高度化している。これらの事業活動に個人情報を活用できないと経済活動を抑制してし

15　個人情報保護委員会．"「個人関連情報」とは何か。「個人関連情報」を第三者に提供する場合に留意すべき事項には，どのようなものがあるか．" https://www.ppc.go.jp/all_faq_index/faq2-q2-8/, (参照 2024-05-05).

16　Internet of Things. 自動車や電化製品など，IT機器以外のものに通信機能を付加し，インターネットにより相互に接続させているシステム。自動制御や遠隔監視，効率的なデータの送受信などが可能になる。「モノのインターネット」とも呼ぶ。

まう。だが，事業者によっては個人情報を不適切に扱ってしまわないかという不安があり，活用を躊躇している場合がある。

そのような不安を払拭するために，特定の個人を識別することができないように個人情報を加工し，かつ，当該個人情報を復元できないようにした，上記の「匿名加工情報」を初の大改正となる2015年改正で新設し，さらに，2度目の大改正となる2020年改正で，ほかの情報と照合しない限り特定の個人を識別することができないように個人情報を加工した，上記の「仮名加工情報」も設け，それらの作成方法や安全管理措置を定めるとともに，事業者による公表や第三者提供の際の要件など，適切な取り扱いについての規定を設けた（41～46条）。これらによって，一定の条件の下，個人情報を事業活動に自由に利用可能とするルールが整備された。

図書館でも，利用者に関する情報の一部を削除するなど加工をし，場合によっては復元できないようにして，仮名加工情報や匿名加工情報を作成・活用し，例えば資料の貸出傾向や，入退館時刻との関連分析などを行い図書館の改善に役立てる，といったことができよう。その際，上記41～46条など，法令を順守せねばならない。不明点がある場合は，個人情報保護委員会[17]に照会したり，外部の専門家の監修や助言を求めるなど，慎重に進めるべきである。

個人情報保護について理解するために，押さえておくべき用語や概念がほかにもある。個人情報を含む情報の集合物で，次のものを「個人情報データベース等」と定義している（16条1項）。

- 特定の個人情報を，電子計算機を用いて検索することができるように体系的に構成したもの（1号）。
- その他，特定の個人情報を容易に検索することができるように体系的に構成したものとして政令で定めるもの（2号）。個人情報の保護に関する法律施行令には，個人情報を一定の規則に従って整理しており，目次，索引その他検索を容易にするためのものを有するものである旨が規定されてい

17　内閣府の外局として2016年に新設されたもので，勧告や命令，立ち入り検査などの権限を有する。設置以降，個人情報の保護に関する法律の所管が，消費者庁から個人情報保護委員会に移り，個人情報保護に関する業務を一元的に行うことになった。

る（4条2項）。この文言から判断して，紙媒体の顧客名簿などでも要件を満たせば個人情報データベース等に該当する。

例えば，図書館利用者の個人情報を，それらを検索できるようにデータベース化すれば，本法の個人情報データベース等に該当する。

個人情報データベース等を事業の用に供している者は個人情報取扱事業者（16条2項）として，以下の義務規定の適用を受ける。図書館の場合，母体の学校法人などが個人情報取扱事業者となる。

16条2項では，1号から4号で，国の機関や地方行政団体，独立行政法人，地方独立行政法人などを個人情報取扱事業者から除いている。ややこしいところだが，「独立行政法人等」から国立大学法人が，「地方独立行政法人」から公立大学法人が除外されているので（2条11項3号，4号），結論としては，図書館でいえば，国立大学図書館，国立大学附属学校の図書館，公立大学図書館，私立図書館，私立大学図書館，私立学校図書館などが個人情報取扱事業者の以下の義務規定の適用を受ける。

公立のその他の各図書館（公立図書館，公立学校の図書館）の設置母体である地方公共団体は，本法では「行政機関等」と呼ぶ（2条11号）。行政機関等については本法第5章（行政機関等の義務等）で以下と類似の義務を定めている。行政機関等の職員などが職務上作成または取得した個人情報であって，当該行政機関等の職員が組織的に利用するものとして，当該行政機関等が保有しているものを「保有個人情報」と定義している（60条1項）。保有個人情報を含む情報の集合物であり，個人情報データベース等と同様の要件を満たすものを「個人情報ファイル」とするなど（同条2項），行政機関等の職務に応じた用語を規定している（60条各項）。

国立国会図書館は立法府に属するため，行政法である本法は適用されず，個人情報の保護は，同館の自主的な取り組みに委ねられている。同館は，「国立国会図書館の保有する個人情報の保護に関する規則」などを定めている[18]。

18　国立国会図書館．"国立国会図書館の個人情報の取扱いについて"．https : //www.ndl.go.jp/jp/privacy/index.html，（参照 2024-05-05）．

- 利用目的の特定：個人情報の利用目的をできる限り特定しなければならない。また，利用目的を変更する場合には，変更前の利用目的と関連性を有すると合理的に認められる範囲を超えて行ってはならない（17条）。
- 利用目的による制限：あらかじめ本人の同意を得ないで，利用目的の達成に必要な範囲を超えて個人情報を取り扱ってはならない，など（18条）。
- 不適正な利用の禁止：違法または不当な行為を助長・誘発する恐れがある方法により個人情報を利用してはならない（19条）。
- 適正な取得：不正の手段により個人情報を取得してはならない。また，原則として，あらかじめ本人の同意を得ないで，要配慮個人情報を取得してはならない（20条）。
- 取得に際しての利用目的の通知など：個人情報を取得した場合は，あらかじめその利用目的を公表している場合を除き，その利用目的を速やかに本人に通知，または公表しなければならない，など（21条）。
- データ内容の正確性の確保：個人データを正確かつ最新の内容に保つよう努めなければならない。利用する必要がなくなったときは，当該個人データを遅滞なく消去するよう努めなければならない（22条）。
- 安全管理措置：取り扱う個人データの漏えい，滅失，き損の防止などのために必要かつ適切な措置を講じなければならない（23条）。
- 従業者の監督：従業者に個人データを取り扱わせるに当たっては，個人データの安全管理が図られるよう，従業者に対する必要かつ適切な監督を行わなければならない（24条）。
- 委託先の監督：個人データの取り扱いの全部または一部を委託する場合は，個人データの安全管理が図られるよう，委託を受けた者に対する必要かつ適切な監督を行わなければならない（25条）。
- 漏えいなどの報告など：漏えい，滅失，毀損など，個人データの安全の確保に係る事態であって，個人の権利利益を害する恐れが大きいものとして個人情報保護委員会規則で定めるものが生じたときは，個人情報保護委員会規則で定めるところにより，当該事態が生じた旨を個人情報保護委員会に報告しなければならない，など（26条）。
- 第三者提供の制限：原則として，あらかじめ本人の同意を得ないで，個人

データを第三者に提供してはならない，など（27条）。
- 外国にある第三者への提供の制限：外国（個人の権利利益を保護するうえで日本と同等の水準にあると認められる制度を有している国を除く）にある第三者に個人データを提供する場合には，原則として，あらかじめ本人の同意を得なければならない，など（28条）。
- 第三者提供に係る記録の作成など：個人データを第三者に提供したときは，個人データを提供した年月日，第三者の氏名または名称などに関する記録を作成，保存しなければならない，など（29条）。
- 第三者提供を受ける際の確認など：第三者から個人データの提供を受ける際，次の事項の確認や，提供を受けた年月日に関する記録を作成，保存しなければならない，など（30条）。
  ◦ 第三者の氏名または名称および住所。法人の場合は，その代表者の氏名。
  ◦ 第三者による個人データの取得の経緯。
- 保有個人データに関する事項の公表など：保有個人データの利用目的などを本人の知り得る状態にしなければならない，など（32条）。
- 開示：本人は，個人情報取扱事業者に対し，本人が識別される保有個人データの開示を請求することができる。本人が請求した場合，原則として，遅滞なく，保有個人データを開示しなければならない，など（33条）。
- 訂正など：本人は，個人情報取扱事業者に対し，本人が識別される保有個人データの内容が事実でないときは，保有個人データの内容の訂正，追加または削除を請求することができる。請求を受けた場合，原則として，遅滞なく必要な調査を行い，保有個人データの内容の訂正などを行わなければならない，など（34条）。
- 利用停止など：本人は，個人情報取扱事業者に対し，本人が識別される保有個人データが18条（利用目的による制限）や19条（不適正な利用の禁止）に違反して取り扱われていたり，20条（適正な取得）に違反して取得されたものであるときは，保有個人データの利用の停止または消去を請求することができる。請求を受けた場合，かつ，その請求に理由があることが判明した場合，遅滞なく，当該保有個人データの利用停止などを行わなければならない，など（35条）。

- 理由の説明：本人から請求された措置を取らない，または請求されたものと異なる措置を取る場合は，理由を説明するよう努めなければならない（36条）。
- 開示などの請求などに応じる手続き：利用目的の通知（32条2項）や保有個人データの開示（33条1項），訂正（34条1項）や利用停止など（35条1項，3項，5項）に関し，求めや請求を受け付ける方法を定めることができる。その際，手続きが本人に過重な負担を課するものとならないよう配慮しなければならない，など（37条）。
- 手数料：利用目的の通知（32条2項）や保有個人データの開示（33条1項）を求められたときは，手数料を徴収することができる，など（38条）。
- 個人情報取扱事業者による苦情の処理：個人情報の取り扱いに関する苦情の適切かつ迅速な処理に努めなければならない，など（40条）。

　上記に加え，個人関連情報を含む情報の集合物で，特定の個人関連情報を電子計算機を用いて検索することができるように体系的に構成したもの，その他，特定の個人関連情報を容易に検索することができるように体系的に構成したものとして政令で定めるものを「個人関連情報データベース等」と呼び，それを事業の用に供している者は個人関連情報取扱事業者となり（16条7項），31条（個人関連情報の第三者提供の制限等）の義務規定の適用を受ける。
　すなわち，第三者が個人関連情報（個人関連情報データベース等を構成するものに限る）を個人データとして取得することが想定されるときは，原則として，当該本人の同意が得られていることなどについて，あらかじめ確認することをしないで，当該個人関連情報を当該第三者に提供してはならない，などの義務が生じる（31条）。
　「個人データ」「保有個人データ」という言葉が上で出てきた。「個人データ」とは，「個人情報データベース等を構成する個人情報」をいう（16条3項）。「保有個人データ」とは，「個人情報取扱事業者が，開示，内容の訂正，追加又は削除，利用の停止，消去及び第三者への提供の停止を行うことのできる権限を有する個人データであって，その存否が明らかになることにより公益その他の利益が害されるものとして政令で定めるもの以外のもの」である（16条4項）。

「その存否が明らかになることにより公益その他の利益が害されるものとして政令で定めるもの」とは，個人データの存否が明らかになると，本人または第三者の生命や身体，財産に危害が及んだり，違法行為や不当行為を助長・誘発したり，国の安全が害されたり，犯罪の予防・鎮圧などの公共の安全と秩序の維持に支障が及ぶ恐れがあるもののことである（個人情報の保護に関する法律施行令5条各号）。個人情報取扱事業者は，本人や第三者の生命，身体，財産を害する恐れがある場合などは，保有個人データの全部または一部の開示などをしないことができる（33条2項各号）。

図1　個人情報の保護についてまとめたウェブサイト
左：政府広報オンライン
右：目黒区立図書館

以上は，できる限り簡潔に分かりやすく説明したつもりではあるが，条文の原文に基づいて書いた箇所が多い。視覚的にも親しみやすいウェブページもあるので，そちらも参照されたい[19]。また，本法に基づき，利用者の個人情報を図書館が具体的にどう取り扱っているかを明示しているウェブページも参考になる[20]。前者は政府広報オンラインの，後者は目黒区立図書館の，各ウェブページである。関心のある読者のために，図1にリンク先をQRコードで掲載する。

なお，以下に挙げる者については，個人情報，仮名加工情報または匿名加工情報（「個人情報等」（47条1項））や個人関連情報を取り扱う目的の全部または一部がそれぞれ以下に述べるものであるときは，以上述べた義務規定は適用されない（57条1項）。ただし，個人データ，仮名加工情報，匿名加工情報の安全管理のために必要かつ適切な措置，個人情報等の取り扱いに関する苦情の処理，その他の適正な取り扱いを確保するために必要な措置を自ら講じ，かつ，当該措置の内容を公表するよう努めなければならない（同条3項）。

19　政府広報オンライン．"「個人情報保護法」をわかりやすく解説　個人情報の取扱いルールとは？"．https://www.gov-online.go.jp/useful/article/201703/1.html，（参照 2024-05-05）．
20　目黒区立図書館．"個人情報の取り扱い"．https://www.meguro-library.jp/howtouse/privacy/，（参照 2024-05-05）．

- 放送機関，新聞社，通信社その他の報道機関（報道を業として行う個人を含む）：報道の用に供する目的（57条1項1号）。
- 著述を業として行う者：著述の用に供する目的（2号）。
- 宗教団体：宗教活動（これに付随する活動を含む）の用に供する目的（3号）。
- 政治団体：政治活動（これに付随する活動を含む）の用に供する目的（4号）。

2021年改正の前は「大学その他の学術研究を目的とする機関若しくは団体又はそれらに属する者」も上記に含まれていた。改正後は上記から外れ，「個人情報取扱事業者である学術研究機関等は，学術研究目的で行う個人情報の取扱いについて，この法律の規定を遵守するとともに，その適正を確保するために必要な措置を自ら講じ，かつ，当該措置の内容を公表するよう努めなければならない」とされた（改正後59条）。

その結果，学術研究機関等にも安全管理措置（23条）や本人からの開示請求への対応（33条）などに関する義務が課されることになった。ただし，研究データの利用や流通が直接的に制約されないよう，学術研究目的かつ個人の権利利益を不当に侵害する恐れがない場合には，18条（利用目的による制限）や20条（適正な取得），27条（第三者提供の制限）の規定が適用されないなどの措置も設けている（18条3項5号，20条2項5号，6号，27条1項5号，6号，7号など）。

大学の教員や大学図書館職員が図書館に関する研究（例えば図書館における利用者の意識や行動に関する研究など）を行う場合があるが，以上はそうした場合にも関わってくるので注意したい[21]。

ところで，図書館資料には，中身に個人情報が記載されているもの（人名録など）もある。そもそも，図書の表紙・標題紙などには著者名が書いてある。ひょっとすると，図書館資料の閲覧や貸出などができなくなってしまうと思われるかもしれないが，基本的にその心配はない。図書館資料は個人情報の保護

---

21 学術研究機関等の責務に関して，例えば以下の資料が詳しい。
個人情報保護委員会．"学術研究分野における個人情報保護の規律の考え方（令和3年個人情報保護法改正関係）"．https://www.ppc.go.jp/files/pdf/210623_gakujutsu_kiritsunokangaekata.pdf，（参照 2024-05-05）．

に関する法律の対象ではないと解釈されるなど、ほとんどの場合、法令上は問題にならない[22]。

個人情報の保護に関する法律も、「個人情報データベース等」を規定する箇所で、「利用方法からみて個人の権利利益を害するおそれが少ないものとして政令で定めるものを除く」としている（16条1項括弧書）。この点について、個人情報の保護に関する法律施行令では、「不特定かつ多数の者に販売することを目的として発行されたものであって、かつ、その発行が法又は法に基づく命令の規定に違反して行われたものでないこと」などと規定している（施行令4条1項各号）。例えば人名録などを指していると思われ、そうした資料が図書館にあったとしても、書架から撤去する必要はない。

ただし、図書館界のガイドラインである「図書館の自由に関する宣言」では、（1）人権またはプライバシーを侵害するもの、（2）わいせつ出版物であるとの判決が確定したもの、（3）寄贈または寄託資料のうち、寄贈者または寄託者が公開を否とする非公刊資料、の3点につき、利用者への提供が制限されることがある（制限は極力限定して適用し、時期を経て再検討されるべきである）としている[23]。

22　新保史生『情報管理と法：情報の利用と保護のバランス』勉誠出版、2010年、p. 63, 66, 71-72.
　　田中敦司「個人情報保護法と図書館」『医学図書館』2005年、vol. 52, no. 3, p. 286. https://www.jstage.jst.go.jp/article/igakutoshokan1954/52/3/52_3_285/_pdf,（参照 2024-05-05）.
　　藤倉恵一『図書館のための個人情報保護ハンドブック』日本図書館協会、2006年、p. 22-24, 60.
　　　なお、あり得る例外（例えば、営利企業の図書館などの、図書館法に基づかない図書館）とその場合の対応については以下を参照。
　　新保史生『情報管理と法：情報の利用と保護のバランス』勉誠出版、2010年、p. 82-83.
23　日本図書館協会．"図書館の自由に関する宣言"．https://www.jla.or.jp/library/gudeline/tabid/232/Default.aspx,（参照 2024-05-05）.
　　　なお、日本図書館協会は、図書館利用のプライバシーを保護するために図書館が取り組むべき具体的内容を示すものとして、「デジタルネットワーク環境における図書館利用のプライバシー保護ガイドライン」も策定している。
　　日本図書館協会．"プライバシー保護ガイドライン"．https://www.jla.or.jp/committees/jiyu//tabid/817/Default.aspx,（参照 2024-05-05）.

4．障害を理由とする差別の解消の推進に関する法律

　国連の障害者の権利に関する条約（略称：障害者権利条約．Convention on the Rights of Persons with Disabilities．2006（平成18）年採択）を2014年に日本が批准した。同条約の批准に向けた国内法整備の一環として，2011年に改正された障害者基本法（1970（昭和45）年制定）4条の「差別の禁止」（「何人も，障害者に対して，障害を理由として，差別することその他の権利利益を侵害する行為をしてはならない」（同条1項）など）を具体化するために，障害を理由とする差別の解消の推進に関する法律（略称：障害者差別解消法）が2013年に制定され，2016年に施行されることになった。

　本法は，国の行政機関や地方公共団体など，および民間事業者による「障害を理由とする差別」の禁止，差別を解消するための取り組みについて政府全体の方針を示す「基本方針」の作成，行政機関等ごと・分野ごとに障害を理由とする差別の具体的内容などを示す「対応要領」・「対応指針」の作成などについて定めている。教育，医療，公共交通，行政の活動など，幅広い分野を対象とし，図書館の運営やサービスにも大きく関わる法律である。以下，本法を概観しよう。

　1条で目的を規定している。要約すれば，障害者基本法の理念にのっとり（同法の1条には「全ての国民が，障害の有無にかかわらず，等しく基本的人権を享有するかけがえのない個人として尊重されるものである」とある），障害を理由とする差別の解消の推進に関する基本的な事項，行政機関等および事業者における障害を理由とする差別を解消するための措置などを定めることによって，全ての国民が，障害の有無によって分け隔てられることなく，相互に人格と個性を尊重しあいながら共生する社会の実現に資することを目的としている。

　用語を2条で定義している。「障害者」とは，身体障害，知的障害，精神障害（発達障害を含む）などの心身の機能の障害があり，かつ「障害及び社会的障壁により継続的に日常生活又は社会生活に相当な制限を受ける状態にあるもの」であるとしている（1号）。すなわち，障害者は日常生活や社会生活に継

続的に相当な制限を受ける状態にある人であるが，その要因には心身の機能の障害だけでなく，「社会的障壁」があるとしている。

では社会的障壁とは何だろうか。本条はそれを，障害がある者にとって日常生活または社会生活を営むうえで障壁となるような社会における事物，制度，慣行，観念その他一切のものを社会的障壁と規定する（2号）。「事物，制度，慣行，観念」の例として，通行や利用しにくい施設・設備（事物），利用しにくい制度（制度），障害のある人の存在を意識していない慣習・文化（慣行），障害のある人への偏見（観念）を内閣府が挙げている[24]。

障害者と社会的障壁に関連して，「障害を理由とする差別の解消の推進に関する基本方針」（以下「基本方針」。障害を理由とする差別の解消の推進に関する施策を総合的かつ一体的に実施するため，基本方針を政府は定めなければならない。本法6条の解説を参照）は次のとおり述べている[25]。

> 障害者が日常生活又は社会生活において受ける制限は，［中略］心身の機能の障害（難病に起因する障害を含む。）のみに起因するものではなく，社会における様々な障壁と相対することによって生ずるものとのいわゆる「社会モデル」の考え方を踏まえている。したがって，法が対象とする障害者は，いわゆる障害者手帳の所持者に限られない。［中略］
>
> また，特に女性である障害者は，障害に加えて女性であることにより，更に複合的に困難な状況に置かれている場合があること，障害児には，成人の障害者とは異なる支援の必要性があることに留意する。

上の引用箇所にも出てきた「社会モデル」について，別の文献には，「身体の何らかの問題が障害をもたらすという考え方は，障害の医学モデルと呼ばれています。これに対して，［中略］さまざまな身体的な特性に応じてさまざ

---

[24] 内閣府．"障害を理由とする差別の解消の推進に関する法律についてのよくあるご質問と回答〈国民向け〉"．https://www8.cao.go.jp/shougai/suishin/law_h25-65_qa_kokumin.html，（参照 2024-05-05）．

[25] 内閣府．"障害を理由とする差別の解消の推進に関する基本方針"．https://www8.cao.go.jp/shougai/suishin/sabekai/kihonhoushin/honbun.html，（参照 2024-05-05）．

な配慮があれば，障害を持つ人々の社会参画が可能になってくるという考え方が，障害の社会モデル」であるという説明がある[26]。

　国の行政機関，独立行政法人等，地方公共団体および地方独立行政法人を「行政機関等」（2条3号），商業その他の事業を行う者を「事業者」としている（同条7号）。事業者とは，目的の営利・非営利，個人・法人の別を問わず，同種の行為を反復継続する意思を持って行う者であり，よって例えば，個人事業者や対価を得ない無報酬の事業を行う者，非営利事業を行う社会福祉法人や特定非営利活動法人も対象となる[27]。

　図書館の設置主体に当てはめると次のようにいえる。公立図書館や公立学校，法人化していない公立大学を設置する地方公共団体は上記2条3号のとおり「行政機関等」に含まれる。

　国立大学法人（中には，附属の小中高校などを設置するものもある）は「独立行政法人等」に含まれる（2条5号ロ，障害を理由とする差別の解消の推進に関する法律施行令2条）。また，法人化した公立大学（公立大学法人）は地方独立行政法人である（地方独立行政法人法（2003年制定）68条1項）。独立行政法人等と地方独立行政法人は上記2条3号のとおり「行政機関等」である。よって，国公立大学や国立大学附属学校の設置主体も「行政機関等」に含まれる。

　図書館法における私立図書館を設置する日本赤十字社，一般社団法人，一般財団法人，ならびに私立の小中高校や大学を設置する学校法人は「事業者」に含まれる。

　国立国会図書館は立法府に属するため「行政機関等」には含まれない。三権分立の観点から，実態に即して自律的に必要な措置を講じることが適当であると判断されている[28]。国立国会図書館は，「国立国会図書館における障害を理由とする差別の解消の推進に関する対応要領」を定めている[29]。

26　松原洋子「障害者差別解消法の高等教育機関における障害学生支援への影響」『大学図書館問題研究会誌』2015年，no. 39, p. 3-10, 25-31.
27　内閣府．"障害を理由とする差別の解消の推進に関する基本方針"．https://www8.cao.go.jp/shougai/suishin/sabekai/kihonhoushin/honbun.html，（参照 2024-05-05）．
28　内閣府．"障害を理由とする差別の解消の推進に関する法律Q&A集〈地方公共団体向け〉"．https://www8.cao.go.jp/shougai/suishin/law_h25-65_ref2.html，（参照 2024-05-05）．

専門図書館の設置主体は，上の分類に準じて「行政機関等」と「事業者」に区別される。

　行政機関等および事業者は，「社会的障壁の除去の実施についての必要かつ合理的な配慮を的確に行うため，自ら設置する施設の構造の改善及び設備の整備，関係職員に対する研修その他の必要な環境の整備に努めなければならない」（5条。下線は筆者。以下，本項の下線について同様）。

　また，行政機関等は，事務や事業を行うに当たり，「障害を理由として障害者でない者と不当な差別的取扱いをすることにより，障害者の権利利益を侵害してはならない」（7条1項）。かつ，「障害者から現に社会的障壁の除去を必要としている旨の意思の表明があった場合において，その実施に伴う負担が過重でないときは，障害者の権利利益を侵害することとならないよう，当該障害者の性別，年齢及び障害の状態に応じて，社会的障壁の除去の実施について必要かつ合理的な配慮をしなければならない」（同条2項）。

　7条と同様の規定が事業者についてもある（8条）。本法制定当初，7条2項に対応する箇所は「社会的障壁の除去の実施について必要かつ合理的な配慮をするように努めなければならない」とされており，努力義務であった（改正前8条2項）。2021（令和3）年の法改正で，「社会的障壁の除去の実施について必要かつ合理的な配慮をしなければならない」という義務規定に改められた（改正後8条2項）。

　以上を整理すると，本法は，行政機関等や事業者に対して，不当な差別的取扱いと合理的配慮の不提供を禁止している。

　本法の対象について補足しておく。上記のとおり本法は，行政機関等や事業者を対象にしているのであって，一般の人が個人的な関係で障害のある人と接するような場合は対象にしていない。だが4条で，「国民は，第一条に規定する社会を実現する上で障害を理由とする差別の解消が重要であることに鑑み，障害を理由とする差別の解消の推進に寄与するよう努めなければならない」として国民の責務を定めている。

29　国立国会図書館．"「国立国会図書館における障害を理由とする差別の解消の推進に関する対応要領」について"．https://www.ndl.go.jp/jp/support/taioyoryo.html，（参照 2024-05-05）．

また，個人の思想，言論も本法の対象外である[30]。よって，差別的表現を含む図書館資料（あるいは，差別的表現に当たるか判断に迷う内容を含む図書館資料）の扱いが制限される場合があるとしても，その判断は「図書館の自由に関する宣言」（本章3）などの図書館界のガイドラインや，資料収集方針をはじめとする各図書館の方針に基づいて各館が判断するのであって，本法を根拠に規制されることはない。本法が禁止するのは，正当な理由なく，障害を理由として，資料提供やその他の図書館サービスの提供を拒否したり，制限したり，条件を付けたりすることである。

上の5条から8条の下線部は，本法施行に当たって特に注目されている箇所であり，図書館員（志望者）にとっても気になるところだろう。それぞれ以下で見ていこう。

（1）不当な差別的取扱い

不当な差別的取扱いについて「基本方針」は次のように述べている（以下は抜粋・要約であり，詳細は原文を参照）[31]。

- 本法は，障害者に対して，正当な理由なく，障害を理由として，財・サービスや各種機会の提供を拒否するまたは提供に当たって場所・時間帯などを制限する，障害者でない者に対しては付さない条件を付けることなどにより，障害者の権利利益を侵害することを禁止している。
- 障害者を障害者でない者と比べて優遇する取り扱い（いわゆる積極的改善措置），障害者に対する合理的配慮（下記（2））の提供による障害者でない者との異なる取り扱いや，合理的配慮を提供するためなどに必要な範囲で，プライバシーに配慮しつつ障害者に障害の状況などを確認することは，

---

30 内閣府．"障害を理由とする差別の解消の推進に関する法律Q&A集〈地方公共団体向け〉"．https://www8.cao.go.jp/shougai/suishin/law_h25-65_ref2.html，（参照 2024-05-05）．
31 内閣府．"障害を理由とする差別の解消の推進に関する基本方針"．https://www8.cao.go.jp/shougai/suishin/sabekai/kihonhoushin/honbun.html，（参照 2024-05-05）．

不当な差別的取扱いには当たらない。

（2）合理的な配慮

合理的な配慮について「基本方針」は次のように述べている（（1）と同様，以下は抜粋・要約であり，詳細は原文を参照）[32]。

- 合理的配慮は，行政機関等および事業者の事務・事業の目的・内容・機能に照らし，必要とされる範囲で本来の業務に付随するものに限られ，また，障害者でない者との比較において同等の機会の提供を受けるためのものである。事務・事業の目的・内容・機能の本質的な変更には及ばない。
- 合理的配慮は，障害の特性や社会的障壁の除去が求められる具体的場面や状況に応じて異なり，多様かつ個別性の高いものである。当該障害者が現に置かれている状況を踏まえ，社会的障壁の除去のための手段と方法について，過重な負担として挙げる要素（下記（4））を考慮し，代替措置の選択も含め，双方の建設的対話による相互理解を通じて，柔軟に対応がなされるものである。さらに，合理的配慮の内容は，技術の進展，社会情勢の変化などに応じて変わり得る。
- 合理的配慮を必要とする障害者が多数見込まれる場合，障害者との関係性が長期にわたる場合などには，その都度の合理的配慮の提供ではなく，環境の整備（下記（3））を考慮に入れることにより，中・長期的なコストの削減・効率化につながる。
- 意思の表明が困難な障害者が，家族，介助者などを伴っていない場合など，意思の表明がない場合であっても，当該障害者が社会的障壁の除去を必要としていることが明白である場合には，当該障害者に対して適切と思われる配慮を提案するために建設的対話を働きかけるなど，自主的な取り組みに努めることが望ましい。
- 合理的配慮は，障害者などの利用を想定して事前に行われる建築物のバリ

---

32 内閣府．"障害を理由とする差別の解消の推進に関する基本方針"．https://www8.cao.go.jp/shougai/suishin/sabekai/kihonhoushin/honbun.html，（参照 2024-05-05）．

アフリー化，介助者などの人的支援，情報アクセシビリティの向上などの環境の整備（下記（３））を基礎として，個々の障害者に対して，その状況に応じて個別に実施される措置である。したがって，各場面における環境の整備の状況により，合理的配慮の内容は異なる。また，障害の状態などが変化することもあるため，特に，障害者との関係性が長期にわたる場合などには，提供する合理的配慮について，適宜，見直しを行うことが重要である。

　また，日本図書館協会障害者サービス委員会が「図書館における障害を理由とする差別の解消の推進に関するガイドライン」を作成した。「提供すべき合理的配慮は状況に応じて個別に判断するものであり，全ての場合においてここに挙げる配慮が必ずしも提供できるとは限らない。あくまでも参考例である」とことわりつつ，図書館における合理的配慮の例として以下を挙げている[33]。

- 来館，移動支援（近くの駅・バス停からの送迎，館内の移動補助，車椅子の介助など）。
- 物理的環境への配慮（段差・階段で車椅子を持ち上げる，高い書棚にある資料を取って渡す，通路の障害物を取り除く，施設設備の簡易な改修など）。
- 意思疎通の配慮（手話，点字，音声・拡大文字，筆談，実物の提示，身振りサインなどによる合図，触覚による意思伝達など）。
- 館内設備の使用補助（館内利用端末，視聴ブース，コピー機など）。
- ルールの変更（貸出期間の延長，貸出点数の緩和，利用登録方法の拡大，戸籍名以外の公に用いている氏名の使用など）。
- サービスそのものの利用支援（登録申込書の代筆，内容や目次などの簡易な読み上げ，代行検索，自宅に出向いての貸出など）。
- 催しへの配慮（多様な申し込み方法，座席の事前確保，配布資料の拡大・音訳・点訳・データでの提供，手話通訳手配，筆記通訳手配など）。

33　日本図書館協会．"図書館における障害を理由とする差別の解消の推進に関するガイドライン"．https://www.jla.or.jp/portals/0/html/lsh/sabekai_guideline.html，（参照 2024-05-05）．

- 資料へのアクセスについての配慮（障害者サービス用資料の購入，支援機器の購入など）。

なお，内閣府では，合理的配慮などの具体例を掲載したデータ集「合理的配慮サーチ」を公開し，さまざまな場面における具体例を収集・提供している[34]。

（3）環境の整備

環境の整備について「基本方針」は次のように述べている（（1）と同様，以下は抜粋・要約であり，詳細は原文を参照）[35]。

- 新しい技術開発が環境の整備にかかる投資負担の軽減をもたらすこともあるため，技術進歩の動向を踏まえた取り組みが期待される。また，環境の整備には，ハード面のみならず，職員に対する研修などのソフト面の対応も含まれる。
- 障害者差別の解消のための取り組みは，環境の整備を行うための施策と連携しながら進められることが重要であり，ハード面でのバリアフリー化施策，情報の取得・利用・発信におけるアクセシビリティ向上のための施策，職員に対する研修など，環境の整備の施策を着実に進めることが必要である。

また，日本図書館協会障害者サービス委員会の前出のガイドラインは，「あらかじめ障害者を含むさまざまな利用者が利用できるように，図書館の施設・設備・資料・サービス等を整えること」を「基礎的環境整備」と呼び，以下を例示している（やはり，以下は抜粋・要約であり，詳細は原文を参照）[36]。

---

34 内閣府．"合理的配慮等具体例データ集（合理的配慮サーチ）"．https：//www8.cao.go.jp/shougai/suishin/jirei/，（参照 2024-05-05）．
35 内閣府．"障害を理由とする差別の解消の推進に関する基本方針"．https：//www8.cao.go.jp/shougai/suishin/sabekai/kihonhoushin/honbun.html，（参照 2024-05-05）．
36 日本図書館協会．"図書館における障害を理由とする差別の解消の推進に関するガイドライン"．https：//www.jla.or.jp/portals/0/html/lsh/sabekai_guideline.html，（参照 2024-05-05）．

①職員の資質向上のための研修会

　基本的な取り組みとして，全職員の資質向上のための研修などを行う。実際の研修会の内容や講師などについては，都道府県立図書館あるいは日本図書館協会などに相談することができる。

- 権利条約や差別解消法と障害者サービスの考え方。
- さまざまな障害やその支援方法，コミュニケーション手段。
- 障害者サービス（資料・サービス）の具体的方法。

②施設設備の整備

- 図書館までのアクセス：最寄り駅からの視覚障害者誘導用ブロック，障害者用交通信号付加装置（音響式信号機など）など。
- サイン・案内：点字・ピクトグラム（絵文字）の併用，文字のサイズ・フォント，分かりやすい表現，色彩の配慮，掲出の位置など。
- 出入り口や館内の移動経路：入り口のスロープや誘導チャイム，インターフォンの設置，館内の視覚障害者誘導用ブロック（点字誘導ブロック），段差の解消，エレベーターなど。
- 閲覧スペース：車椅子が移動可能な書架間，閲覧机やカウンターの高さなど。
- 対面朗読室，障害者読書室：車椅子利用者や障害児とその保護者なども利用できるものが望ましい。
- 館内放送・掲示板：電子掲示板・フラッシュライト・音声案内など，聴覚・視覚障害者に配慮したもの。
- 駐車場・トイレ：車椅子その他の障害者に配慮したもの。

③読書支援機器

　以下の機器類を設置するとともに，その使用方法に習熟し利用者に案内できるようにする。必要により複数用意し貸出を行う。

- 活字資料の読書を支援するもの：老眼鏡，拡大読書器，ルーペ，書見台，リーディングトラッカー（本のページや文書の特定の行に焦点を当てながら読み進めることができる読書補助具），音声読書器など。
- 障害者サービス用資料を利用するためのもの：DAISY再生機，タブレット端末など
- パソコン利用のためのもの：音声化ソフト，画面拡大ソフトなど。

④障害者サービス用資料

- 主な資料：大活字本，音声DAISY，カセットテープ，マルチメディアDAISY，テキストDAISY，テキストデータ，点字資料，布の絵本，LLブック（幼児・児童向けの絵本などではなく，青年期以降の知的障害がある人などに向けて，やさしく読みやすい形で年齢相応の内容を届けようとするもの。名称はスウェーデン語の「やさしく読める」に由来する），字幕・手話入り映像資料，アクセシブルな電子書籍（多くの障害者や高齢者も使える電子書籍。[筆者補足：例えば字の拡大や合成音声での読み上げ，見出しやページごとの移動などが可能な電子書籍]）など。
- 特に購入したいもの：大活字本，DAISY資料，点字付き絵本，布の絵本，LLブックなど。
- 相互貸借で相当数入手可能なもの：音声DAISY，点字資料。

⑤サービス[37]

- 閲覧：読書支援機器，障害者サービス用資料などの提供。
- 対面朗読（対面読書）：印刷物を利用するのが困難な人が対象。
- 一般図書・視聴覚資料の郵送貸出：来館が困難な人が対象。

---

37 以下には，環境の整備というよりは合理的配慮（いわば状況に応じた臨機応変な現場対応）に該当するものも含まれているように思われる。環境の整備として以下が挙げられているのは，以下のようなサービス提供体制をあらかじめ整備しておくべきだ，という趣旨であろう。

- 点字・録音資料の郵送貸出：視覚障害者には無料の郵送が可能。
- 職員による宅配サービス：来館が困難な人が対象（主に市町村立図書館）。
- アクセシブルな電子書籍の配信サービス。
- 手話によるおはなし会の開催。
- その他，図書館により実施できるもの：施設入所者へのサービス，入院患者へのサービス，アクセシブルなデータベースの提供など。

⑥アクセシブルな図書館ホームページ・広報など

- アクセシブルな図書館ホームページ。
- 点字・拡大文字・音声・やさしく分かりやすい利用案内，目録などの作成。
- 手話・外国語・点字のできる職員の配置。

⑦規則・ルールの修正

　図書館サービスの規則やルールは，障害者を意識せずに作られてきたものがほとんどで，それにより社会的障壁につながっているものがある。障害者からの依頼を受ける前に全体を見直し，規則・ルールなどを修正することが望ましい。ただし，指摘を受けるまで気付かないこともあるので，その場合なるべく早く修正する。修正が難しい場合は少なくとも合理的配慮で対応する。

　修正の例としては以下が挙げられる。すなわち，来館による利用登録だけでなく郵送・電話，FAXなどによる登録方法を追加する，新規利用登録用紙の性別欄を削除するか，記入を任意とする。

　合理的配慮と環境整備の関係は，合理的配慮を提供するための土台が環境整備であると捉えるとよいだろう。土台である環境整備には長期的な計画が求められる。DAISYコンソーシアム理事，特定非営利活動法人支援技術開発機構副理事長（肩書はいずれも以下の雑誌記事発行時点）を務める河村宏は，雑誌記事で次のとおり述べている[38]。

合理的配慮は図書館のスタッフが提供すべき法律で規定されたいわば「現場対応」です。［中略］

障害者差別解消法は，繰り返し必要とされる「合理的配慮」を優先課題として環境整備を進めて，「現場対応」を必要とする障壁を除去するという長期的な差別解消戦略と共に理解する必要があります。また，個々の社会的障壁の除去は，共生社会づくりを目指した全体の環境整備の長期計画の中に位置づけられる必要があります。

（4）過重な負担

社会的障壁の除去を必要としている旨の意思の表明が障害者からあった場合，行政機関等や事業者はいつ何時でも必要かつ合理的な配慮をしなければならないわけではない。既に述べたとおり，社会的障壁の除去の実施に伴う負担が過重でないときという条件が付いている。「基本方針」には次のとおり記述がある[39]。

> 過重な負担については，行政機関等及び事業者において，個別の事案ごとに，以下の要素等を考慮し，具体的場面や状況に応じて総合的・客観的に判断することが必要である。行政機関等及び事業者は，過重な負担に当たると判断した場合は，障害者にその理由を説明するものとし，理解を得るよう努めることが望ましい。
> - 事務・事業への影響の程度（事務・事業の目的・内容・機能を損なうか否か）
> - 実現可能性の程度（物理的・技術的制約，人的・体制上の制約）
> - 費用・負担の程度

38　河村宏「図書館における合理的配慮：障害者差別解消法施行に向けて」『図書館雑誌』2015年, vol. 109, no. 10, p. 662–663. https://www.dinf.ne.jp/doc/japanese/access/library/kawamura_jla1510.html, （参照 2024-05-05）.

39　内閣府．"障害を理由とする差別の解消の推進に関する基本方針". https://www8.cao.go.jp/shougai/suishin/sabekai/kihonhoushin/honbun.html, （参照 2024-05-05）.

- 事務・事業規模
- 財政・財務状況

　なお，対応要領を各省庁が定めているが（下記9条1項の解説参照），例えば文部科学省の対応要領では「過重な負担については，具体的な検討をせずに過重な負担を拡大解釈するなどして法の趣旨を損なうことなく，個別の事案ごとに［中略］具体的な場面や状況に応じて総合的・客観的に判断することが必要である」としている[40]。

　「基本方針」をここまで複数回引いてきた。6条1項で，政府は，障害を理由とする差別の解消の推進に関する施策を総合的かつ一体的に実施するため，障害を理由とする差別の解消の推進に関する基本方針（「基本方針」）を定めなければならないとしている。「基本方針」は，障害を理由とする差別の解消に向けた施策の基本的な方向や，行政機関等や事業者が講ずべき措置に関する基本的な事項などについて定めるものである（同条2項）。

　「基本方針」に即して，国の行政機関の長および独立行政法人等は，7条に規定する事項に関し，国の行政機関や独立行政法人等の職員が適切に対応するために必要な要領（「国等職員対応要領」）を定めるものとされている（9条1項）。一方，地方公共団体の機関および地方独立行政法人は，要領（「地方公共団体等職員対応要領」）を定めるよう努めるとされている（10条1項）。「定めるよう努める」とあるとおり，努力義務である。事業者については，事業者が適切に対応するために必要な指針（「対応指針」）を主務大臣が定めるものとされている（11条1項）。

　なお，内閣府の「障害を理由とする差別の解消の推進に関する法律Q&A集〈地方公共団体向け〉」には，「公立学校の職員に対する対応要領は，どこが作るのか。各学校ごとに作成する必要があるのか」という問いに対して，「原則としては，地方公共団体の判断により，地方公共団体全体（長）として又はその執行機関（教育委員会）ごとに作成することとなる」との答えが記載されて

40　内閣府．"関係府省庁における障害を理由とする差別の解消の推進に関する対応要領"．https://www8.cao.go.jp/shougai/suishin/sabekai/taioyoryo.html，（参照 2024-05-05）．

いる。この考えに沿えば、公立図書館についても同じことがいえる[41]。

5．視覚障害者等の読書環境の整備の推進に関する法律

　2019（令和元）年，視覚障害者等の読書環境の整備の推進に関する法律（通称：読書バリアフリー法）が制定された。「障害の有無にかかわらず全ての国民が等しく読書を通じて文字・活字文化（文字・活字文化振興法［筆者注：本章2］［中略］第二条に規定する文字・活字文化をいう。）の恵沢を享受することができる社会の実現に寄与すること」を目的とし（1条），視覚障害者等の読書環境の整備の推進に関し，基本理念や国・地方公共団体の責務などを定めている。図書館の障害者サービスなどにも関わる重要な法律なので，ポイントを以下に整理する。

　本法は，以下のように用語を定義している（2条）。

- 視覚障害者等：視覚障害，発達障害，肢体不自由その他の障害により，書籍（雑誌，新聞などを含む）について，視覚による表現の認識が困難な者。
　著作権法37項3号（本書第4章3（4）③）と同様の定義であり，視覚障害だけでなく，何らかの障害によって視覚による表現の認識が困難な者全般を対象にしていることに注意したい。
- 視覚障害者等が利用しやすい書籍：点字図書，拡大図書など，視覚障害者等がその内容を容易に認識することができる書籍。
- 視覚障害者等が利用しやすい電子書籍等：電子書籍など，書籍に相当する文字，音声，点字などの電磁的記録であって，電子計算機などを利用して視覚障害者等がその内容を容易に認識することができるもの。

41　内閣府．"障害を理由とする差別の解消の推進に関する法律Q&A集〈地方公共団体向け〉"．https://www8.cao.go.jp/shougai/suishin/law_h25-65_ref2.html，（参照2024-05-05）．
　　なお，2016年2月に筆者が行った，内閣府政策統括官（共生社会政策担当）付　参事官（障害者施策担当）への電話による聞き取りでも，公立図書館についても同じことがいえるとのことであった。

「視覚障害者等が利用しやすい書籍」は一般に，アクセシブルな書籍といわれる。上記の点字図書，拡大図書などのほか，LLブック（本章4（3）④）なども含まれる。

「視覚障害者等が利用しやすい電子書籍等」は一般に，アクセシブルな電子書籍などといわれる。DAISY図書，音声読み上げ対応の電子書籍，オーディオブック（書籍内容を録音した音声コンテンツ。CDや，インターネット上でのダウンロード配信などによって提供される）などが含まれる。

基本理念を3条で定めている。すなわち，視覚障害者等の読書環境の整備の推進は，次に掲げる事項を旨として行われなければならない。

- 情報通信などの分野における先端的な技術などを活用して視覚障害者等が利用しやすい電子書籍等の普及が図られるとともに，引き続き，視覚障害者等が利用しやすい書籍が提供されること。
- 視覚障害者等が利用しやすい書籍および視覚障害者等が利用しやすい電子書籍等（以下「視覚障害者等が利用しやすい書籍等」）の量的拡充および質の向上が図られること。
- 視覚障害者等の障害の種類および程度に応じた配慮がなされること。

国は，基本理念にのっとり，視覚障害者等の読書環境の整備の推進に関する施策を総合的に策定し，実施する責務を有する（4条）。地方公共団体は，基本理念にのっとり，国との連携を図りつつ，その地域の実情を踏まえ，視覚障害者等の読書環境の整備の推進に関する施策を策定し，実施する責務を有する（5条）。

政府は，視覚障害者等の読書環境の整備の推進に関する施策を実施するため必要な財政上の措置などを講じなければならない。この種の話題では，「人と予算を確保することが今後は課題だ」といわれながらも，実際はなかなか確保されない場合も多いが，本法は，どれほどの規模のものかはともかく，財政措置を政府は講じなければならないという，義務規定としている（6条）。

文部科学大臣および厚生労働大臣は，視覚障害者等の読書環境の整備の推進に関する施策の総合的かつ計画的な推進を図るため，視覚障害者等の読書環境

の整備の推進に関する基本的な計画（「基本計画」。通称：読書バリアフリー基本計画）を定めなければならない（7条1項）。

文部科学大臣および厚生労働大臣は，基本計画を策定しようとするときは，あらかじめ，経済産業大臣，総務大臣その他の関係行政機関の長に協議しなければならない。また，あらかじめ，視覚障害者等やその他の関係者の意見を反映させるために必要な措置を講ずる（同条3項，4項）。

地方公共団体は，基本計画を勘案して，当該地方公共団体における視覚障害者等の読書環境の整備の状況などを踏まえ，当該地方公共団体における視覚障害者等の読書環境の整備の推進に関する計画を定めるよう努めなければならない（8条1項）。

地方公共団体は，上の計画を定めようとするときは，あらかじめ，視覚障害者等やその他の関係者の意見を反映させるために必要な措置を講ずるよう努める（同条2項）。

「視覚障害者等による図書館の利用に係る体制の整備等」として，本法は，以下のように図書館にも言及している（9条）。

国および地方公共団体は，公立図書館，大学・高等専門学校の附属図書館，学校図書館（以下「公立図書館等」），国立国会図書館について，おのおのの果たすべき役割に応じ，点字図書館とも連携して，視覚障害者等が利用しやすい書籍等の充実や，その円滑な利用のための支援の充実など，視覚障害者等によるこれらの図書館の利用に係る体制の整備が行われるよう，必要な施策を講ずる（同条1項）。

国および地方公共団体は，点字図書館について，視覚障害者等が利用しやすい書籍等の充実や，視覚障害者等が利用しやすい書籍等の利用に関する公立図書館等への情報提供など，視覚障害者等が利用しやすい書籍等を視覚障害者が十分かつ円滑に利用することができるようにするための取り組みの促進に必要な施策を講ずる（同条2項）。

国および地方公共団体は，全国各地に存在する視覚障害者等が利用しやすい書籍等を，インターネットを利用して視覚障害者等が十分かつ円滑に利用できるよう，アクセシブルな書籍・電子書籍などの利用のための全国的ネットワーク（サピエ図書館[42]を想定）の運営への支援など，必要な施策を講ずる（10条）。

国および地方公共団体は，著作権法37条1項または3項の規定により製作される視覚障害者等が利用しやすい書籍（「特定書籍」），および同法37条2項または3項の規定により製作される視覚障害者等が利用しやすい電子書籍等（「特定電子書籍等」。本法10条1号）の製作を支援するため，製作に係る基準の作成など，必要な施策を講ずる（11条）。

　特定書籍・特定電子書籍等とは，視覚障害者等が利用しやすい書籍等であり，かつ，著作権法37条により製作されるものであるといえる。著作権法の所で解説するとおり，同法37条1項は，公表された著作物は点字により複製することができることを規定している。同条2項は，デジタル形式の点字データを製作し，ウェブサイトからダウンロードしてもらうことや，電子メールで送付することができることを定めている。同条3項は，著作権法施行令2条1項が定める図書館などが，著作物を視覚障害者等が利用するために必要な形式（音訳や拡大図書，DAISYなど）にしたうえで，視覚障害者等にウェブサイトからダウンロードしてもらうことや，電子メールで送付することができることとしている（本書第4章3（4）③）。

　上記のほか，視覚障害者等が利用しやすい電子書籍等の販売などの促進など（12条），外国からの視覚障害者等が利用しやすい電子書籍等の入手のための環境の整備（13条），端末機器などおよび関連情報の入手の支援（14条），情報通信技術の習得支援（15条），研究開発の推進など（16条），人材の育成など（17条）などについて定めている。

　また，国は，視覚障害者等の読書環境の整備の推進に関する施策の効果的な推進を図るため，関係行政機関の職員，国立国会図書館，公立図書館等，点字図書館，サピエ図書館の運営者，特定書籍または特定電子書籍等の製作を行う者，出版者，視覚障害者等その他の関係者による協議の場を設けること，その他，関係者の連携協力に関し必要な措置を講ずるものとしている（18条）。

　本法の成立を受けて，日本盲人会連合（現・日本視覚障害者団体連合），

42　点字図書や録音図書などの全国最大の書誌データベース。日本点字図書館がシステムを管理し，全国視覚障害者情報提供施設協会が運営を行っている。
　　サピエ　視覚障害者情報総合ネットワーク．https://www.sapie.or.jp/cgi-bin/CN1WWW，（参照 2024-05-05）．

DPI日本会議，全国盲ろう者協会，弱視者問題研究会（現・日本弱視者ネットワーク）が「読書バリアフリー法成立における関係4団体声明」（2019年6月21日付け）を発表し，本法成立を歓迎するとともに，本法の理念を推進し具体的に実現していくために，関係者の連携協力が今後求められることを強調している[43]。

著作権法の障害者サービス関連規定の整備（本書第4章3（4）③），障害を理由とする差別の解消の推進に関する法律の制定（本章4），そして視覚障害者等の読書環境の整備の推進に関する法律の登場により，図書館で行える障害者サービスの範囲はかなり拡大したといってよい。今後は，予算が増加して実態が改善していくかどうかや，課題の把握などに注目したい。

---

43 DPI日本会議．"読書バリアフリー法成立における関係4団体声明"．https://www.dpi-japan.org/blog/demand/読書バリアフリー法成立における関係4団体声明/,（参照 2024-05-05）．
全国盲ろう者協会．"読書バリアフリー法成立における関係4団体声明を公開しました"．https://www.jdba.or.jp/news2/index.php/view/52,（参照 2024-05-05）．

第4章
図書館サービスに関連する法令－2：著作権法

　現行の著作権法（1970（昭和45）年，旧著作権法（1899（明治32）年）を全部改正して制定）は124条から成り，本書で取り上げる法律の中では個人情報の保護に関する法律と並んで大部である。

　項目によっては図書館に関する議論に限定するなど，できる限り要点を絞って解説しようとしても，著作権法についてはどうしても長くなる。そのため，一つの章を設けて論述する次第である。バランスを取るために前章と本章を分けただけであり，「図書館の直接の設置根拠ではないものの，図書館サービスに深く関連する法令を取り上げる」という趣旨は前章と同様である。

　以下，1で同法の存在理由について，2と3で概要について（紙数の都合もあり，著作権法の全体を詳しく本書で扱うことはできないため[1]，基本概念である著作物と著作者の権利，および，図書館と特に関わりの深い箇所について解説する），4で保護期間について説明する。

　本書で取り上げているほかの法令もそうだが，著作権法は頻繁に改正される。例えば，最近では2021（令和3）年の改正で31条（図書館等における複製等）の構成・内容が大きく変わった（本章3（4）①）。書籍の出版はどうしても時間がかかるため，タイムラグが生じ，資格取得のためのテキストをはじめ，改正点を反映しきれていないものも図書館関連の書籍には多い。

　「本書を読む前に」で述べたとおり，本書は，2024年4月1日現在で施行されている法令に基づいている。手元の他書が古い場合は本書と組み合わせて補っていただければ幸いである。同時に，今後行われるであろう改正（繰り返すがほかの法令もだが）にも留意し，ネットなどで最新情報をフォローしてい

1　著作権法をめぐっては，さまざまな論点がほかにもある。ほんの一例にすぎないが，著作物の国際的保護（国際条約）に関する拙稿も参照してほしい。
　後藤敏行「著作物等の国際的保護」『図書館情報学事典』，丸善出版，2023年，p. 428-429.

ただきたい。

1．著作権法の存在理由

　著作権法は，創作的な表現（＝著作物）について，独占的なもろもろの権利を創作者（＝著作者）などに一定期間与えている。ほかの人々はその表現を自由に利用できない場合も多い。直感的にいって，民主主義の基本ルールの一つである，表現の自由を制限している側面が著作権法にはあるようにも思われる。なぜ，そのような制度が存在し，情報の独占が正当化されるのか。

　有力な考え方は，著作物が一定期間無断利用されず，利用から対価を得られることで，著作者とそれを支える人々が著作物で生活の糧を得る機会を保障する。それがさらなる創作の原動力になるという，「インセンティブ（動機）の付与」「創作振興」「情報の豊富化」の面から著作権制度を捉えようとするものである[2]。また，この考え方（インセンティブ論）のほかにも，著作者の個性を反映した作品は著作者の人格の一部だからこそその人に帰属するというアプローチ（自然権論）もある[3]。

　一方，インセンティブを著作者に与えるだけでなく，著作物の利用の自由を確保する必要もある。著作物は，自由に流通して人々に享受されることによって，社会にとっての存在意義を持つからであり，次なる創作の礎となり文化の発展に寄与するからである（著作権法1条には「この法律は［中略］文化の発展に寄与することを目的とする」とある）。そこで，著作権を制限する規定を設けたり，一定期間の後に著作物の保護を打ち切ったりすることなどによって，同法はバランスを取ろうとしている（本章3（4），および4）。

2　中山信弘『著作権法』第4版，有斐閣，2023年，p. 22-25.
　　福井健策『著作権の世紀：変わる「情報の独占制度」』集英社，2010年，p. 15.
3　島並良ら『著作権法入門』第3版，有斐閣，2021年，p. 4.
　　田村善之『著作権法概説』第2版，有斐閣，2001年，p. 6-8.
　　中山信弘『著作権法』第4版，有斐閣，2023年，p. 25-26.

2．著作物

著作権法では，著作物を「思想又は感情を創作的に表現したものであつて，文芸，学術，美術又は音楽の範囲に属するもの」と定義している（2条1項1号）。この条文を理解する際，以下がポイントになる。

（1）事実それ自体は保護しない

事実それ自体は「思想又は感情」ではなく，著作権法では保護されない。事実それ自体とは，例えば「関ヶ原の戦いは1600年だった」「富士山は3776メートル」のような歴史的・科学的事実や，株価や気温といったデータなどである。

（2）思想（アイデア）は保護しない

アイデアはそれを「表現したもの」とは異なり，保護されない。例えば，スポーツのルールを説明したハンドブックは著作物たり得るが，ルールそれ自体はアイデアであり著作権法では保護されない。

事実やアイデアは保護せず，著作権法では表現だけを保護する理由として，事実それ自体を保護せずに，誰もが利用可能な領域（パブリックドメイン）としておくことが情報の豊富化に役立ち，文化の発展という著作権法の趣旨（1条）に合致するという点がある[4]。仮に事実の独占が認められるとすると，例えば特ダネを最初につかんだ人がいたとして，特ダネというその事実をほかの人がニュースや記事にしたいとき，最初の人の所に行って承諾を取らなければいけなくなる。これでは知識の共有が進まず，文化の発展につながらない。

4　中山信弘『著作権法』第4版，有斐閣，2023年，p. 62–65. 同書はさらに，裁判において人のアイデアの同一性・類似性を判断することが可能か（または判断させることが妥当か）という点も挙げている。
野口祐子『デジタル時代の著作権』筑摩書房，2010年，p. 21.

よって事実の独占を認めることはしない，というわけである。

また，表現の自由や学問の自由を守る，という点も挙げられる。アイデアとは，例えば学説，画風，書風あるいは手法や着想などのことであるが，それらも保護されてしまうと，ある学説が発表された場合，それ以後の者は同様の学説を発表できなくなる，といった恐れがあり，表現の自由や学問の自由などと抵触することになりかねない。

（3）創作性の有無

著作物であるためには，思想または感情を「創作的に」表現したものでなければならない。高度な独創性は必要なく，その人なりの個性が表れていれば足りる。したがって，ブログの文章や投稿サイトへの書き込みなどでも著作物に十分になり得る[5]。一方，新聞記事の簡単な「訃報」や「人事異動のお知らせ」など，誰が書いても大体同じになるものには著作権がない。

なお，著作権法は創作性の価値の高低を判断しない。高台から見下ろした風景を絵に描こうということはアイデアなので誰にも独占できない。しかしその結果描かれた絵は，上手か下手かは関係なく，幼稚園児が描いたものでも，有名な日本画家が描いたものでも，等しく著作物である。

（4）文芸，学術，美術または音楽の範囲に属するものを保護する

「文芸，学術，美術又は音楽の範囲に属するもの」と条文にあるので，実用品や工業製品は著作物たり得ない。また，倫理性は問題とされておらず，不道徳な内容や違法な内容のものでも，刑法上はともかく，著作権法上は著作物として保護される。

10条が著作物を以下のとおり例示している。ある著作物が以下のどれに該当

---

[5] 中山信弘『著作権法』第4版，有斐閣，2023年，p. 48，67-69.
福井健策『著作権の世紀：変わる「情報の独占制度」』集英社，2010年，p. 16.

するかによって，法的効果に差がある場合がある（本章3（3）の，口述権から貸与権の記述を参照）。

- 小説，脚本，論文，講演その他の言語の著作物（同条1項1号）
- 音楽の著作物（2号）
- 舞踊または無言劇の著作物（3号）
- 絵画，版画，彫刻その他の美術の著作物（4号）
- 建築の著作物（5号）
- 地図または学術的な性質を有する図面，図表，模型その他の図形の著作物（6号）
- 映画の著作物（7号）
- 写真の著作物（8号）
- プログラムの著作物（9号）

　これらのほか，「著作物を翻訳し，編曲し，若しくは変形し，又は脚色し，映画化し，その他翻案することにより創作した著作物」を二次的著作物という（2条1項11号）。

　また，編集物（データベースに該当するものを除く）でその素材の選択または配列によって創作性を有するものを編集著作物という（12条1項。百科事典，新聞，雑誌，論文集，文学全集，美術全集，音楽アルバム，職業別電話帳など）。

　さらに，「論文，数値，図形その他の情報の集合物であつて，それらの情報を電子計算機を用いて検索することができるように体系的に構成したもの」をデータベースといい（2条1項10号の3），そのうち，「その情報の選択又は体系的な構成によつて創作性を有するもの」が著作物として保護される（12条の2第1項）。

　上述のとおり，著作権法ではアイデアを保護しないものとしている。だが，編集著作物の素材に創作性がない場合（例えば氏名，住所，電話番号など），一定の編集方針に基づく選択や配列に創作性を求めざるを得ない。ところが「選択や配列」はアイデアに近い。編集著作物を保護する背景には，編集著作物への投下資本を守りたいという意図があるが，その結果，著作権法はアイデア保

護に一歩踏み込んでしまい、ジレンマを抱えているともいうことができる[6]。

また、実用品や工業製品は著作物たり得ないとやはり上で述べたが、考えてみれば、プログラムやデータベースはそれらに該当するようにも思える。すなわち、「文芸、学術、美術又は音楽の範囲」は常にクリアとは限らず、不明瞭な場合があるようにも思える。この点に関して、上述のとおり、文化の発展に寄与することを著作権法は目的にしているが、「文化」の概念が現代では曖昧になっているとの指摘がある[7]。以上の2段落はやや詳細な議論であり、立ち入り過ぎると本書の趣旨に反するのでこれ以上深入りしないが、根本的な論点で重要と判断するため紹介しておく。

なお、法令・官公文書などは、国民に広く知らしめて利用されることに意味があり、独占に馴染まないために、著作権および著作者人格権の対象とされていない（13条）。

3．権利

（1）総説

著作権法が定める主な権利を図示すると図2のようになる。

著作者の権利には2種類あり、一つは著作者人格権と総称される人格的権利である。もう一つは著作権である。後者は著作者に帰属するさまざまな財産的権利（支分権、権利の束といわれる）の総称である。

また、著作権法は、著作者の権利のほか、著作物を伝達する者の権利として著作隣接権を定めている。

以上の権利は登録なしで自動的に発生する（無方式主義、17条2項、89条5項）。この点が、同じ創作法でも特許庁への登録を経てはじめて権利が発生する（＝方式主義を採る）特許権、実用新案権、意匠権などと異なる、大きな特徴である。

---

[6] 中山信弘『著作権法』第4版、有斐閣、2023年、p. 150-166.
[7] 中山信弘『著作権法』第4版、有斐閣、2023年、p. 92-95.

3．権利 | 93

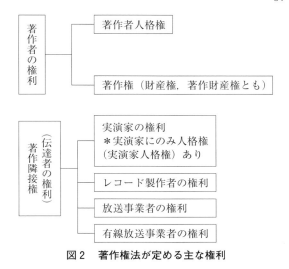

図2　著作権法が定める主な権利

（2）著作者人格権

著作者人格権は，著作者が自己の著作物に有しているこだわりや社会的評価といった精神的利益を保護するものである。主に下記の三つがある。著作権と異なり，譲渡や相続による移転はできない（著作者人格権の一身専属性（59条））。

- 公表権（18条）：まだ公表されていない著作物を公衆に提供または提示する権利。

    公表権侵害の場合には著作権（下記（3）参照。この場合，複製権，上演権および演奏権，上映権，公衆送信権，口述権，展示権など）侵害を伴うのが通常であり，公表権はほとんど意味がないとする説もある。しかし，著作権侵害による経済的損害に加えて，公表権侵害による精神的損害の分が損害賠償額に加算されるので，公表権の存在理由はある[8]。
- 氏名表示権（19条）：著作物（を公衆に提供・提示する際）に実名や変名

---

[8] 中山信弘『著作権法』第4版，有斐閣，2023年，p. 618.

（雅号，筆名，略称その他実名に代えて用いられるもの（14条））を著作者名として表示するかしないかを決められる権利。
- 同一性保持権（20条）：著作物とその題号の同一性を保持する権利（意に反して著作物や題号の変更，切除その他の改変を受けない権利）。

（3）著作権

　上に述べたとおり，著作者に帰属するさまざまな財産的権利の総称を著作権と呼ぶ。すなわち，日本の現行の著作権法は，概括的・包括的に権利を規定するのではなく，各権利を列挙するという規定の仕方をとっている（限定列挙主義）。著作者は以下の各権利を専有する。以下，できるだけ図書館を例にして説明する。各権利は，「……する権利」と考えてもよいし，あるいは，「無断で……されない権利」と考えるとイメージしやすいかもしれない。

- 複製権（21条）：著作物を複製する権利。「複製」とは「印刷，写真，複写，録音，録画その他の方法により有形的に再製すること」（2条1項15号）であり，著作物の複写も複製に含まれる。そのため図書館に関わりの深い権利であるといえる。図書館などにおける複製などについては，次項①で述べる。
- 上演権および演奏権（22条）：著作物を公衆に直接見せる，または聞かせることを目的として（以下「公に」），上演・演奏する権利。非営利・無料・無報酬ならば権利の範囲外である（38条1項）。よって，その条件の下，図書館でコンサートを行うことは適法である。
- 上映権（22条の2）：著作物を公に上映する権利。非営利・無料・無報酬ならば権利の範囲外である（38条1項）。よって，その条件の下，図書館で映画の上映会を行うことは適法である。ただし，①法律の条文から受ける印象と現実は異なる。この点を説明した，インターネット上で読める参考文献として，次のものを挙げる：南亮一「図書館における著作権の現状と動向について」『びぶろす―Biblos』平成20年夏号（電子化41号），2008年．https://dl.ndl.go.jp/pid/3526019，（参照 2024-05-05）②映画の著作

物を貸し出す場合は補償金の支払いが必要となる（38条5項）。頒布権と貸与権についての下記の解説参照。

- 公衆送信権等（23条）：著作物の公衆送信を行う権利（23条1項），および公衆送信されるその著作物を受信装置を用いて公に伝達する権利（同条2項）。公衆送信とは「公衆によって直接受信されることを目的として無線通信又は有線電気通信の送信［中略］を行うこと」（2条1項7号の2）をいい，具体的には主に放送，有線放送，自動公衆送信の3種類がある。自動公衆送信については送信可能化も権利に含まれる（23条1項括弧書）。送信可能化とは送信の前段階の行為であり，その定義は複雑だが（2条1項9号の5），典型的な例は，インターネット上のサーバへ著作物をアップロードすることである。

    23条2項の権利（伝達権）は，客寄せのために飲食店に大型プロジェクターを設置して，客にテレビ番組などを視聴させるような行為をコントロールする権利である。だが，非営利・無料の場合（図書館のロビーに大型プロジェクターを設置して，来館者に無料で視聴させるような場合）は権利の範囲外であり，営利・有料であっても，通常の家庭用受信装置（家庭用に市販されている一般的なラジオ・テレビ）による伝達の場合は権利が及ばない（38条3項）。そのため，伝達権が働く場は現実には少ない。
- 口述権（24条）：言語の著作物を公に口述する権利。非営利・無料・無報酬ならば権利の範囲外である（38条1項）。よって，その条件の下，図書館で対面朗読やお話会を行うことは適法である。
- 展示権（25条）：美術の著作物の原作品，またはまだ発行されていない写真の著作物の原作品[9]を公に展示する権利。「美術の著作物若しくは写真の著作物の原作品の所有者又はその同意を得た者は，これらの著作物をその原作品により公に展示することができる」（45条1項）という規定がある

---

9 「まだ発行されていない写真の著作物」について，写真の場合，ネガではなく，印画紙にプリントされたものが原作品と考えられているので，美術の著作物と比べると大量の原作品が現れる可能性がある。よって，美術の著作物との均衡を図るために，未発行のものに限定された，などと説明されている。さらに詳細な議論は例えば以下を参照。
中山信弘『著作権法』第4版，有斐閣，2023年，p. 323-331.

ため，自館が所有する，または所有者から同意を得た美術品や写真の原作品の展示会を図書館内で行うことは適法である。また，画集や写真集に掲載されている絵画や写真は，「原作品」ではないので，展示しても展示権の侵害にはならない。

- 頒布権（26条）：映画の著作物をその複製物により頒布する権利（26条1項），および映画の中で複製されている著作物（音楽など）を当該映画の著作物の複製物により頒布する権利（同条2項）。1項は映画の著作者の権利であり，2項は音楽などの著作者の権利である。

  頒布とは，有償・無償を問わず，複製物を公衆に譲渡または貸与することである（2条1項19号）。例えば，映画のDVDやブルーレイを公衆に売ったりレンタルすることや，映画館で上映するために，業者にフィルムを譲渡したり，貸し出すことなどが含まれる。

- 譲渡権（26条の2）：著作物（映画の著作物を除く）の原作品または複製物の譲渡により公衆に提供する権利。

- 貸与権（26条の3）：著作物（映画の著作物を除く）の複製物の貸与により公衆に提供する権利。公表された著作物については，非営利・無料の場合は権利の範囲外である（38条4項）。よって，その条件の下，図書館で著作物を貸し出すことは適法である（以下に，DVDやブルーレイが出てくる。ややこしいかもしれないが，DVDやブルーレイとは異なり，音楽CDは映画の著作物ではないので，学校図書館や大学図書館などでも利用者に貸し出すことができる）。

  上に「映画の著作物を除く」とある。図書館での貸出の際，映画の著作物には貸与権ではなく，上記26条の頒布権が適用される。映画の著作物の複製物（DVDやブルーレイなど）の貸出（「複製物の貸与により頒布すること」）は，著作権法施行令で定める施設（公共図書館など。学校図書館や大学図書館などは含まれていない）が非営利・無料を条件に行うことができる。その場合，補償金を権利者に支払うことが必要となる（著作権法38条5項，著作権法施行令2条の3）。

  現実には，上記38条5項の規定があるものの，公共図書館向けの補償金額についての合意がなされていない。公共図書館では通常，「著作権処理

済みビデオソフト」という，一般よりも高額なビデオソフトを映画会社などから直販で購入することで対応している。

　ところで，非営利・無料であれば著作物の貸出が適法になる。ならば，営利企業が企業内図書室で著作物を無料貸出する場合や，私立図書館が入館料や貸出料を徴収する場合（本書第1章 図書館法28条の解説も参照）などはどうであろうか。

　これらについては，「営利」とは貸与行為から利益を得ることである旨，および，入館料や貸出料が一般的な運営費や維持費に充てるための利用料と認められる場合，それらは「料金」に該当しない旨の政府見解が示されており，適法であると解されている[10]。

　さらに補足しておく。ここまで，複写や貸出などの図書館サービス用語が出てきた。だが「閲覧」という語が登場しないことを不思議に思う読者もいるのではないだろうか。実は，公表された紙媒体の資料の場合には，閲覧サービスには著作権法は関係しない。「閲覧させる」という行為は，著作権法上の権利の対象となっていないのである。ただし電子媒体の資料などでモニターに映し出す必要があるものには上映権が働く[11]。

- 翻訳権，翻案権等（27条）：著作物の翻訳，編曲，変形，または翻案（脚色や映画化など）をする権利。すなわち二次的著作物を無断で創作されない権利である。

　直感的にいって，この権利は上述の同一性保持権と似ている。翻訳・翻案の許諾を受けていても，「通常の翻訳・翻案では予定されていないような本質的な改変が行われたような場合，例えば悲劇を喜劇に改変したような場合には同一性保持権侵害となり得る」という見解もあれば[12]，同一性

10　衆議院．"衆議院議員川内博史君外一名提出今国会提出の著作権法の一部を改正する法律案に於ける暫定措置廃止後の法律の運用に関する質問に対する答弁書"．
https://www.shugiin.go.jp/internet/itdb_shitsumon.nsf/html/shitsumon/b159096.htm，（参照 2024-05-05）．
南亮一「最近10年間における大学図書館に関係する著作権法の改正の動向について」『大学図書館研究』2011年，no. 93，p. 5．

11　日本図書館協会著作権委員会編『図書館サービスと著作権』改訂第3版，日本図書館協会，2007年，p. 127．

保持権と翻案権の関係をどう考えるかは、まだはっきりとした通説がない、との解説もある[13]。

（4）著作権の制限

著作権は、著作者の表現を他人に勝手に使わせない制度であり、表現の自由を制限している側面がある。表現の自由とのバランスを取るために、保護期間を有限にすること（本章4）などと並んで、著作権の制限（一定の例外的な場合に著作権を制限して、許諾なしに利用できるようにすること）に関する規定（30～50条）が大きな意味を持つ。

近年、情報のデジタル化の進展やインターネットの普及が大きな要因となり、著作物そのもの、複製や利用の方法などについて急速な変化が起きているため、著作権の制限規定の改正が頻繁に行われている[14]。それらは「改正を待つまでもなく当然のことを念のために立法化したもの」であることも多く[15]、また、「専門家でもその条文を一読しただけでは理解できないほど難読化・複雑化」していることが批判されてもいる[16]。一方で、急速な変化に対応するので精一杯であり、かつ著作権をめぐる利害関係も複雑化しており、著作権法の全面的な改正は難しいとの意見もそのとおりなのだろう[17]。

紙数の都合もあり、著作権の制限規定を全て本書で扱うことはできない。本節では、図書館に特に関連するものに絞って、上記（3）およびこの（4）の中で解説している。

12　中山信弘『著作権法』第4版，有斐閣，2023年，p. 352.
　　同旨，加戸守行『著作権法逐条講義』7訂新版，著作権情報センター，2021年，p. 182-184.
13　福井健策『著作権とは何か』改訂版，集英社，2020年，p. 73.
14　著作権の制限規定だけに話を絞っていないが、著作権法の改正回数が2000年代に入ってから急増したという指摘がある。
　　山田奨治『日本の著作権はなぜこんなに厳しいのか』人文書院，2011年，p. 17-18.
15　中山信弘『著作権法』追補，有斐閣，2010年，p. 2.
16　中山信弘『著作権法』第4版，有斐閣，2023年，p. 10.
17　島並良ら『著作権法入門』第3版，有斐閣，2021年，p. 9.
　　三山祐三『著作権法詳説：判例で読む14章』第11版，勁草書房，2023年，p. viii.

①図書館等における複製等（31条）

図書館において複製が一切認められないとすると，利用者にとってとても不便であることは想像に難くない。そのため一定の要件の下に，図書館における著作物の複製が認められている。

国立国会図書館，公共図書館，および大学・高等専門学校の図書館などでは，次の場合かつ非営利の場合には，図書館資料を用いて著作物を複製できる（1項）。「図書館など」と上に書いたが，詳細は著作権法施行令1条の3各号で規定している。また，それらには図書館法に定める司書またはそれに相当する職員が置かれていなければならない。「それに相当する職員」の詳細は著作権法施行規則1条の4各号で定めている[18]。

31条1項と施行令1条の3には学校図書館が含まれていない。学校図書館における複製などは下記②の「学校その他の教育機関における複製等」（著作権法35条）を参照してほしい。

図書館における著作物の複製が認められるのは次の場合である。

ⅰ．利用者の求めに応じ，調査研究目的で，公表された著作物の一部分（国や地方公共団体などが一般に周知させることを目的として作成・公表する広報資料など（「国等の周知目的資料」）や，著作物の全部の複製物の提供が著作権者の利益を不当に害しないとして政令で定めるものは，その全部）の複製物を1人につき1部提供する場合（31条1項1号）。

---

[18] その一つに「人事院規則で定める採用試験のうち，主として図書館学に関する知識，技術又はその他の能力を必要とする業務に従事することを職務とする官職を対象とするものに合格した者」とある（著作権法施行規則第1条の4第3号）。これは，国立大学が法人化する前，いわゆる国家公務員試験の枠組みの中で国立大学図書館職員を採用していた時代の規定が残ったままになっているものと思われる。現在，人事院規則で定める採用試験とは別に国立大学法人は職員採用試験を行っている。そのため現状のままでは，国家公務員試験によって採用された世代が退職した場合，国立大学は，著作権法施行規則第1条の4のうち現状の第3号以外のいずれかの号に該当する，司書に相当する職員を配置せねばならない，と考えざるを得ない（私立大学や公立大学については，もともとそう考えざるを得なかった）と思われる。または，そうなった場合に著作権法施行規則の改正が必要になるだろう。

2021年改正前は，括弧内は「発行後相当期間を経過した定期刊行物に掲載された個々の著作物にあつては，その全部」という規定であった。

改正後は，著作権法施行令1条の4第2号で同様のことを定めている。

ii．図書館資料の保存のため必要がある場合（2号）。
iii．ほかの図書館などの求めに応じ，絶版などで一般に入手することが困難な図書館資料（絶版等資料）の複製物を提供する場合（3号）。

i～iiiに共通するポイントとして，「図書館資料」とは自館の蔵書を指しており，他館から借り受けた資料は含まない。ただし，図書館界は2006（平成18）年，権利者団体の了解を得て「図書館間協力における現物貸借で借り受けた図書の複製に関するガイドライン」を発行し，他館から借り受けた図書（雑誌や視聴覚資料などは除く）の複製物の提供を行えるようにしている[19]。

次に各号の要点を述べる。iについては，第一に，図書館における複製とは，複製の場所が図書館の施設内であることではなく，複製事業の主体が図書館でなければならないことを意味している。よって，「利用者の求めに応じ」て複製を行うのもあくまで図書館であるため，図書館内に設置されているセルフ式コピー機で利用者自身が複製を行う行為は，図書館がまったくタッチしないとすれば，iに該当しないことになってしまう。現状では，複写が同規定に沿って行われたかを事後的に図書館がチェックすればよいと解釈し，セルフ式コピー機を利用しているケースが多い。国公私立大学図書館協力委員会は，著作権法尊重の重要性を周知すること，セルフ式コピー機の管理責任者を置くこと，複写申込用紙や著作権遵守の誓約書を利用者が提出することなどを条件に，セルフ式コピー機による複製を31条1項1号の範囲内で行われるものとしている[20]。なお，38条と異なり無料である必要はなく，用紙代などの実費は徴収できる（公立図書館における実費の徴収については，本書第1章の図書館法17条

19　日本図書館協会，国公私立大学図書館協力委員会，全国公共図書館協議会．"図書館間協力における現物貸借で借り受けた図書の複製に関するガイドライン"．https：//www.jla.or.jp/portals/0/html/fukusya/taisyaku.pdf，（参照 2024-05-05）．

20　国公私立大学図書館協力委員会．"大学図書館における文献複写に関する実務要項"．https：//www.janul.jp/j/documents/coop/yoko.pdf，（参照 2024-05-05）．

第二に，主に大学図書館間で行われている文献複写取り寄せ（学術論文などのコピーの取り寄せ）について，依頼館の文献請求者が「利用者」に該当するか，図書館側と権利者側で意見が分かれていたが，文献複写取り寄せはⅰの範囲内であるとの見解を2002年に文化庁が示した[21]。現在，「大学図書館間協力における資料複製に関するガイドライン」（2012年）などで，大学図書館が複製物の提供を行う際の詳細を定めている[22]。

　第三に，「著作物の一部分」とは，「少なくとも半分を超えないものを意味するものと考えられる。また，著作物が多数収録されている編集物にあっては，［中略］掲載されている個々の著作物について「一部分」であることを要するものである」と解釈されている[23]。「著作物が多数収録されている編集物」とは，例えば短編小説集である。こうしたものについては，個々の小説の半分を超えないこと，ということになる。

　ところが，図書館資料の中には，事典の一項目や俳句，短歌のように，独立した著作物だが全体の分量が少ないため，紙面への複製を行うと著作物の半分を超えて複製されて（写り込まれて）しまうものがある。この問題に対して，図書館界は2006年，権利者団体の了解を得て「複製物の写り込みに関するガイドライン」を発行し，同一紙面（原則として1ページを単位とする）上の写り込みについては，複製の範囲から除外する必要はないとしている。ただし権利者の経済的利益に配慮して，楽譜や地図，写真集，画集，雑誌の最新号などは除いている[24]。

21　国公私立大学図書館協力委員会大学図書館著作権検討委員会．"大学図書館における著作権問題Q&A：第9.1.1版"．https://julib.jp/wp-content/uploads/2022/12/copyrightQA_v9.1.1.pdf，（参照 2024-05-05）．
22　国公私立大学図書館協力委員会．"大学図書館間協力における資料複製に関するガイドライン"．https://contents.nii.ac.jp/sites/default/files/catill/2022-08/ill_fax_guideline_supplement.pdf，（参照 2024-05-05）．
　　国公私立大学図書館協力委員会．"大学図書館間協力における資料複製に関する合意書"．https://julib.jp/wp-content/uploads/2024/03/20240330_agreement.pdf，（参照 2024-05-05）．
23　著作権審議会『著作権審議会第4小委員会（複写複製関係）報告書』文化庁，1976年，p. 25．https://www.cric.or.jp/db/report/s51_9/s51_9_main.html，（参照 2024-05-05）．

第四に、「発行後相当期間を経過した定期刊行物」については、「通常の販売経路において当該定期刊行物を入手することができない状態をもって「相当期間を経過」したものと理解すべきであろう」と解釈されている[25]。

　大学図書館では事情が多少異なる。まず、権利者団体との協議の結果、「大学図書館における文献複写に関する実務要項」という文書を発行し、定期刊行物は、次号が発行されれば（年刊誌のように3カ月経過しても次号が発行されないものは、3カ月経過後に）相当期間を経過したとみなしている[26]。それ以外の図書館については、上記のように、在庫がまだあって入手可能な場合は、次号が発行されても相当期間を経過したということはできないという有力な法解釈があることに注意が必要である。

　次に、国公私立大学図書館協力委員会は2014年、「大学刊行の定期刊行物に関する著作権法第31条第1項第1号の「発行後相当期間」の扱いについて」を発表し、大学図書館においては、大学が刊行する紀要などの定期刊行物について、各大学図書館が受け入れた時点で「発行後相当期間」を経過したものとみなすとした（販売されているものは除くなどの例外あり）[27]。多くの大学で機関リポジトリが設置され、紀要などの大学の刊行物に掲載された著作物が、刊行後すぐにインターネットを通じて利用できるようになりつつあることや、紀要などは一般に販売ではなく交換で流通し、複製による経済的損失は発生しないと考えられることが背景にある。

　なお、31条1項1号および著作権法施行令1条の4第2号の条文を読む限り、相当期間を経過していない定期刊行物であっても、その一部分の複製物を1人につき1部提供することはできると解釈できる[28]。定期刊行物の最新号の複写

24　日本図書館協会、国公私立大学図書館協力委員会、全国公共図書館協議会．"複製物の写り込みに関するガイドライン". https://www.jla.or.jp/Portals/0/html/fukusya/utsurikomi.pdf，（参照 2024-05-05）．
25　著作権審議会『著作権審議会第4小委員会（複写複製関係）報告書』文化庁、1976年、p. 25. https://www.cric.or.jp/db/report/s51_9/s51_9_main.html，（参照 2024-05-05）．
26　国公私立大学図書館協力委員会．"大学図書館における文献複写に関する実務要項". https://julib.jp/documents/coop/yoko.pdf，（参照 2024-05-05）．
27　国公私立大学図書館協力委員会大学図書館著作権検討委員会．"大学刊行の定期刊行物に関する著作権法第31条第1項第1号の「発行後相当期間」の扱いについて". https://www.jaspul.org/news/2014/07/3111-1.html，（参照 2024-05-05）．

を全く認めない図書館もあるが，著作権法上問題がある可能性がある。

ⅱの留意点としては，第一に，「図書館資料の保存のため必要がある場合」なので，そうではない場合（資料をインターネット上に公開して広く利用してもらうために，その作業の過程で複製をしたいといった場合）はこの規定には該当しない。

第二に，著作権法において「複製」とは「印刷，写真，複写，録音，録画その他の方法により有形的に再製すること」（2条1項15号）とされている。つまり複製の方法は，コピー機を用いるなどした複写に限らない。よって，図書館資料の保存のために必要であるならば，デジタル化やマイクロフィルム化などもできる。

ⅲについて留意すべきなのは，複製物を提供できるのは「絶版等で一般に入手することが困難」な場合なので，高額で入手が困難だとか，洋書で入手に時間がかかるといった事情では認められない，という点である。

ⅰ～ⅲ（31条1項）に加えて，国立国会図書館では，図書館資料の原本を公衆の利用に供することによる滅失，損傷，汚損を避けるために原本に代えて提供するため，または下記31条7項と8項の規定により絶版等資料をデジタル配信するため，資料をデジタル化することができる（31条6項）。2024年3月時点で，同館がデジタル化した資料は図書や雑誌，古典籍，博士論文，新聞など，計約390万点に上る[29]。

同館は，上の規定に基づき，図書館資料の原本を公衆の利用に供することによる滅失，損傷，汚損を避けるために原本に代えて提供するため，館内に設置した端末を用いて，デジタル化資料の閲覧と複写を利用者に提供している。

さらに，2012年の法改正で，国立国会図書館による，著作物の複製物の自動公衆送信に関する規定が加わった（31条7項）。図書館や政令で定める外国の

28　国公私立大学図書館協力委員会大学図書館著作権検討委員会．"大学図書館における著作権問題Q&A：第9.1.1版"．https://julib.jp/wp-content/uploads/2022/12/copyrightQA_v9.1.1.pdf，（参照 2024-05-05）．
　　塩見昇，山口源治郎編著『新図書館法と現代の図書館』日本図書館協会，2009年，p. 259-260．
29　国立国会図書館．"資料デジタル化について"．https://www.ndl.go.jp/jp/preservation/digitization/index.html，（参照 2024-05-05）．

施設などで閲覧させることを目的とする場合には、同館がデジタル化した資料のうち、絶版等資料に限り、図書館などに対してデジタルデータを送信できる。受信先の図書館は、一定範囲のプリントアウトを提供することや、非営利・無料の要件の下、公に伝達すること（ディスプレイなどを用いて公衆に見せること）が可能である。この規定によって、資料の原本の借り出しや複写取り寄せといったやり方によるよりも、国立国会図書館の資料に国民や海外の人がアクセスしやすくなった。

本規定に基づくサービスは「図書館向けデジタル化資料送信サービス」と名付けられ、2014年から始まった。国立国会図書館がデジタル化した資料のうち絶版等資料、約205万点の資料が利用可能である（2024年4月時点）[30]。全国の図書館などが自動的にサービスを利用できるのではなく、登録が必要である。サービス開始以降、各地の図書館などが参加を表明しており、2024年5月時点で参加館は国内1453館、海外9館に上っている[31]。

なお、同館がデジタル化した資料のうち、著作権保護期間が満了したことを確認できたもの、著作権者から許諾を得たもの、著作権者が不明で著作権法67条の文化庁長官の裁定を受けたものは、インターネット上で公開している。

事態はさらに進展している。「著作権法の一部を改正する法律」が、第204回通常国会において2021年に成立・公布された。「各図書館等による図書館資料の公衆送信に関する措置」（31条2〜5項。2023年施行）と「国立国会図書館による絶版等資料のインターネット送信に関する措置」（31条8〜11項。2022年施行）について定めたものである。

前者は、国立国会図書館や公共図書館、大学図書館などが、従来の複写サービスに加え、一定の条件（正規の電子出版などの市場を阻害しないこと、データの流出防止措置を講じること、業務の責任者を置き、業務に従事する職員への研修を行うことなど）の下、調査研究目的で、著作物の一部分（政令で定める場合には全部）をメールなどで利用者に複製・公衆送信できること（利用者

30　国立国会図書館．"図書館向けデジタル化資料送信サービス"．https://www.ndl.go.jp/jp/use/digital_transmission/index.html，（参照 2024-05-05）．
31　国立国会図書館．"図書館向けデジタル化資料送信サービス参加館一覧"．https://dl.ndl.go.jp/ja/soshin_librarylist，（参照 2024-05-05）．

は事前に氏名や連絡先の登録が必要），その際，メールを受信した利用者は，調査研究目的での複製が可能であることや，図書館の設置者が権利者に補償金を支払うことなどを規定したものである。補償金については104条の10の2から104条の10の8で規定している。以上述べたことを行う図書館などを特定図書館等と呼ぶ（31条2項，3項。2019年の図書館法改正で出てくる特定図書館（本書第1章）とは別のもの）。

　後者は，国立国会図書館が，絶版などの理由により入手困難な資料（特定絶版等資料。現在は絶版等資料であっても，復刻などによって3カ月以内に絶版等資料ではなくなる予定があるものを除いたもの）のデータを，図書館などだけでなく，利用者に対しても直接送信できることを規定したものである。この規定により，あらかじめID・パスワードを登録した利用者は，「図書館向けデジタル化資料送信サービス」参加館に来館せずとも，国立国会図書館のウェブサイト上で資料を閲覧できるようになり（「個人向けデジタル化資料送信サービス」），利便性が増した[32]。利用者側では，自分で利用するために必要な複製や，非営利・無料などの要件の下での公の伝達（ディスプレイなどを用いて公衆に見せること）が可能である。

　手短にいえば，これらは「インターネットを通じた図書館資料へのアクセスの向上」であり，従来から必要性が指摘されていたものである。新型コロナウイルス感染症の流行に伴い図書館が休館したことなどが要因になり，立法化された。

　昭和生まれの筆者などは，図書館サービスもここまで進んだかと感じてしまうが，若い方は，一般的なほかのインターネットサービスが当然行っているような水準に近づいただけだと考えるかもしれない。読者はどう思われるだろうか。

　国立国会図書館の館長を務めた長尾真は，蔵書のデジタル化や（場合によっては有料の）デジタル配信を進め，図書館まで足を運ばずとも，いつどこででも図書館資料を読めるようにするという「長尾構想」を提唱していた。詳細は本書では立ち入らないが[33]，「将来，図書館等だけでなく個人の端末への配信ができるようになるか，絶版等資料以外のものにまで範囲を広げるか（広げる

---

[32] 国立国会図書館．"個人向けデジタル化資料送信サービス"．https://www.ndl.go.jp/jp/use/digital_transmission/individuals_index.html，（参照 2024-05-05）．

場合はもちろん，民間の書籍市場に不当な影響を与えないことが必要になろう）」，可能性を秘めている点を本書の以前の版で指摘していた[34]。事態は，長尾構想がかつて示していた方向に進んだように思われる。

なお，31条1項1号，同条2項（各図書館等による図書館資料の公衆送信），4項（同），7項（図書館向けデジタル化資料送信サービス），9項（個人向けデジタル化資料送信サービスのうち，利用者が，特定絶版等資料を自ら利用するために必要と認められる限度において複製する場合）に該当する場合（ただし7項と9項については公の伝達の場合を除く），著作物の言語を読めない利用者に対して，翻訳を提供することも規定上できる（47条の6第1項2号）。人員や設備の配置などのための予算確保の問題などがあろうが，外国人利用者などのためのサービスへの可能性を秘めた規定であるといえる。

②学校その他の教育機関における複製等（35条）

ⅰ．複製

35条1項で，学校などの教育機関で教育を担任する者および授業を受ける者が，授業の過程での使用を目的として，公表された著作物を複製することなどができる旨を規定しており，学校図書館での著作物の複製はこの規定に基づいて可能になる（学校司書が独自に，学校図書館の切抜資料を製作するために新聞や雑誌記事を複製しようとするような場合は，著作権者の許諾が必要になる）[35]。

ただし，著作権者の利益を不当に害することとなる場合はこの限りでない旨も規定し，市販のドリルやワークブックなどを複製して児童生徒に配るといった行為にブレーキをかけている（35条1項ただし書。下記の公衆送信なども同様）。

また，35条1項が適用される場合には，著作物の翻訳，編曲，変形，翻案も

---

33 参考までに拙稿を挙げておく。
後藤敏行「長尾構想の検討：推進に向けた予測と提言」『図書館界』2012年，vol. 64, no. 4, p. 256-267. https://doi.org/10.20628/toshokankai.64.4_256, （参照 2024-05-05）．
34 後藤敏行『図書館の法令と政策』2016年増補版，樹村房，2016年，p. 64.
35 さらに30条（私的使用のための複製：著作物は，個人的なまたは家庭内などでの使用目的の場合は，複製することができる。ただし一定の例外あり）も学校図書館での著作物の複製の根拠になるとの説もある。
塩見昇，山口源治郎編著『新図書館法と現代の図書館』日本図書館協会，2009年，p. 256.

認められる（47条の6第1項1号）。この規定に基づき，例えば，ある絵本を原本にして，さわる絵本を製作すること（翻案）なども35条1項の範囲内で認められる。ただし，通常の翻案では予定されていない本質的な改変を行うような場合，例えば悲劇を喜劇に改変するような場合には同一性保持権侵害になり得る。そのような改変をどうしても行いたい場合，著作者に許諾を取る必要がある。

　一般に，授業を担任する教員や，授業を受ける児童生徒の要望どおりに，学校図書館スタッフが手足となって著作物のコピーを取ることは35条1項の範囲内だと考えられている。また，授業中に学校図書館の使い方を教えたり，読み聞かせを行ったりする場合，学校図書館スタッフも教育を担任する者に含まれる旨の解釈もある[36]。

　また，「授業」とは学習指導要領で定義されるものだと考えられている[37]。そのため，学習指導要領で授業の一つと位置づけられる「特別活動」の児童会活動や生徒会活動の中に図書委員会がある場合，図書委員会の活動は授業とみなされる。よってその場合，図書委員会の活動に伴う著作物の複製などは35条1項の範囲内だと考えられる。

　一方，著作権の保護期間が満了していない新聞や雑誌記事などの著作物を，授業の過程における使用とは別の目的で複製などし，学校図書館で活用しようとする場合，原則として，著作権者の許諾が必要になる。

　「原則として」と上で書いたのは，13条の所で述べたように，法令・官公文書など，国民に広く知らしめて利用されることに意味があり，独占に馴染まないために，著作権の対象とされていない著作物もあるためである。また，「使用許諾条件」や「「学校教育のための非営利目的利用」OKマーク」など，学

36　全国学校図書館協議会監修『司書教諭・学校司書のための学校図書館必携：理論と実践』新訂版．悠光堂，2021年，p. 63.
37　著作権法第35条ガイドライン協議会．"学校その他の教育機関における著作物の複製に関する著作権法第35条ガイドライン"．https://www.jbpa.or.jp/pdf/guideline/act_article35_guideline.pdf，（参照 2024-05-05）.
　　著作物の教育利用に関する関係者フォーラム．"改正著作権法第35条運用指針（令和3（2021）年度版）"．https://forum.sartras.or.jp/wp-content/uploads/unyoshishin_20201221.pdf，（参照 2024-05-05）.

校図書館メディア[38]を購入した際に使用条件が明示されている場合があるためでもある。

ⅱ．公衆送信など

35条1項では，学校などの教育機関で教育を担任する者および授業を受ける者が，授業の過程での使用を目的として，公表された著作物を公衆送信することなどができる旨も規定している。著作権者の利益を不当に害することとなる場合はこの限りでないのも複製と同様である。

従来，同時中継の遠隔合同授業（遠隔地にある複数の教室間で中継して同時に行う授業）のために，公表された著作物を公衆送信することが，無許諾で可能だった。教育の情報化への対応を目的とした2018年の著作権法改正により，遠隔合同授業以外のための公衆送信全般が対象になった（改正後35条1項。2020年以降のコロナ禍より前にこの改正が行われたのは，運が良かったという意見があるが，同感である[39]）。

すなわち，他人の著作物を用いて教員が作成した教材を，予習・復習用に児童生徒にメール送信することや，オンデマンド授業で公衆送信すること，送信側に教員のみがおり児童生徒がいない，いわゆるスタジオ型のリアルタイム配信授業において公衆送信することなどについて，文化庁長官が指定する単一の団体（指定管理団体）への補償金（授業目的公衆送信補償金）の支払いを条件に，権利者の許諾なく行えるようになった（補償金が従来必要なかった，同時中継の遠隔合同授業のための公衆送信は，無償を維持。改正後35条2項，3項）。

また，近年の動画投稿サイトにおけるコンテンツの充実に伴い，教育現場ではそのようなサイトに投稿されている動画を活用する場面が増加している。動画投稿サイトのコンテンツを，パソコンのディスプレイなどを用いて児童生徒

---

38 図書や雑誌，新聞以外にも，視聴覚資料や電子資料など，さまざまな媒体が流通し，児童生徒の学びに役立っている。そのことを考慮し，学校図書館資料ではなく学校図書館メディアという表現を用いる場合がある。本書でも，使う回数は少ないが，学校図書館メディアを用いる。
39 小寺信良．"この3年で4回の著作権法改正，いったいどこがどう変わったのか　忘れられがちな改正内容を整理する"．https://www.itmedia.co.jp/news/articles/2108/05/news073.html，（参照 2024-05-05）．

に視聴させる行為は，権利者の「公の伝達権」（23条2項）が働くことになる。上のような行為を権利者の許諾なく行えるようにすることは，35条の趣旨に照らして妥当であることから，公の伝達についても権利制限の対象とし，権利者の許諾が不要とされている。補償金請求権の対象にもなっていない（改正後35条1項）。

104条の11から104条の17で，指定管理団体の指定の基準や補償金の額などについて定めている。2019年，一般社団法人授業目的公衆送信補償金等管理協会（SARTRAS）が指定管理団体として指定された。

▶今後，学校図書館は31条に含まれるか？ ……………………………………………

31条における図書館とは国立国会図書館，公共図書館，および大学・高等専門学校の図書館などを指しており，学校図書館が含まれていないことは上記①で述べたとおりである。

> 高等学校等の初等中等教育機関の図書館は除外されているので，本条による複製はできないことになる。高等学校等の生徒は図書等を借り出し，30条［筆者注：私的使用のための複製］の規定に基づき自分で複製せざるを得ないことになり，その妥当性については問題があろう[40]。

> 小，中，高等学校等の初等中等教育機関の学校図書室は含まれていない。調査研究の用に供するための複写であるため，高等教育機関に限定したとされている。しかし，近年は初等中等教育機関においても，自ら課題を発見し解明する主体的な学習活動が重視されており，立法論的には，高等教育機関に限定する合理性はない[41]。

著作権法の専門家が以上のように論じており，また，文化庁が設置したワーキングチームの報告書も「小・中・高の学校図書館を法第31条の対象となる「図書館等」に追加することについては，昨今，アクティブラーニングなど従

---

40 中山信弘『著作権法』第4版，有斐閣，2023年，p. 402.
41 作花文雄『詳解著作権法』第6版，ぎょうせい，2022年，p. 340.

来の授業の枠にとらわれない児童生徒等の主体的な学習が重視されるとともに，オンラインでの教育・指導等が普及する中で，図書館における各種サービスへのニーズも高まっていると考えられるところ，本ワーキングチームの議論においても追加すべきとの意見が大勢であった」と述べている[42]。

「35条があるので，相当程度のことが現状でもできる」「多くの学校図書館には児童生徒用のコピー機がそもそもないので，31条に含まれたところで複写ができない」などの意見もあろう。一方，現状のままでは，昼休みや放課後に見つけた自分の進路に関わる本の一節を，大学生は図書館内でコピーできるが，小中高校生はできない可能性がある。学校図書館が31条に含まれれば，それを機に予算が付き，コピー機の導入が進むかもしれない。

今後の展開が注目されるが，31条の図書館に含まれるためには，「司書又はこれに相当する職員」を置くことが求められる（著作権法施行令1条の3第1項各号）。そのため，学校図書館への人員の配置が推進されることにも同時に目を向ける必要があるだろう[43]。人員配置の現状については本書第2章1も参照してほしい[44]。

なお31条は，図書館などが一定の場合に「著作物を複製することができる」ことを定めているのであり，図書館などに複写サービスを義務付けるものでは

---

[42] 図書館関係の権利制限規定の在り方に関するワーキングチーム．"図書館関係の権利制限規定の見直し（デジタル・ネットワーク対応）に関する報告書"．https://www.bunka.go.jp/seisaku/bunkashingikai/chosakuken/toshokan_working_team/pdf/92654101_02.pdf，（参照 2024-05-05）．

[43] 学校図書館を31条に含めることの意義を検討または主張したものとしては，例えば，以下を参照。
東京学芸大学学校図書館運営専門委員会．"2020Zoomによる緊急学習会「学校図書館と著作権」開催報告"先生のための授業に役立つ学校図書館活用データベース．https://www2.u-gakugei.ac.jp/~schoolib/htdocs/index.php?action=pages_view_main&block_id=113&active_action=journal_view_main_detail&post_id=1049，（参照 2024-05-05）．
日本図書館協会．"著作権法第31条第1項の図書館等に学校図書館を含めることについて 学校図書館において想定される具体的な活動内容"．https://www.jla.or.jp/demand/tabid/78/Default.aspx?itemid=5512，（参照 2024-05-05）．

[44] さらに拙著も挙げておく。
後藤敏行「第5章 学校図書館スタッフの現状と役割，研修」『学校図書館の基礎と実際』樹村房，2018年，p. 64-89．

ない。利用者に複製請求の権利を認めるものでもない。そのため，学校図書館を31条に含めたとしても，利用者からの求めがあった場合に学校図書館はコピーを必ず提供せねばならない，とはならない[45]。

③障害者サービス関連規定（37条，37条の2など）

37条（視覚障害者等のための複製等）や，37条の2（聴覚障害者等のための複製等）などでは「視覚障害者等」「聴覚障害者等」という言葉を用いている。「等」にはディスレクシア（学習障害の一種で，識字障害，読字障害などともいう）の人など，文字情報または音声情報の理解が困難な者が含まれる。

視覚障害者等については，2018年の法改正で受益者の範囲がさらに拡大し，肢体不自由などにより書籍を持ったりページをめくったりできない人なども含まれるようになった。2018年改正による37条の見直しは，マラケシュ条約（盲人，視覚障害者その他の印刷物の判読に障害のある者が発行された著作物を利用する機会を促進するためのマラケシュ条約）を日本が締結するための国内法整備の一環であった。

公表された著作物は点字により複製することができる（37条1項）。すなわち，営利企業でも，ボランティアでも，そして図書館でも，誰でも公表された著作物を点訳できる。また，デジタル形式の点字データを製作・流通させること（ウェブサイトからダウンロードしてもらうことや，電子メールで送付することなど）も基本的に自由である（同条2項）。

録音資料や拡大図書，マルチメディアDAISY[46]などについては，身体障害者福祉法の視聴覚障害者情報提供施設（本書第2章4）だけでなく，大学図書館，国立国会図書館，公共図書館，学校図書館などにも製作（この場合の製作とは，著作権法37条3項の表現を使えば，公表された著作物を「文字を音声に

---

45 小泉直樹ら『条解著作権法』弘文堂，2023年，p. 423.
　作花文雄『詳解著作権法』第6版，ぎょうせい，2022年，p. 341.
　中山信弘『著作権法』第4版，有斐閣，2023年，p. 407.
46 活字による読書が困難な人のための，国際的なデジタル録音資料製作システムにDAISY（Digital Accessible Information Systemの略称）がある。マルチメディアDAISYとは，音声だけでなく，音声の部分のテキストや画像などがシンクロナイズ（同期）して出力されるデジタル図書である。

することその他当該視覚障害者等が利用するために必要な方式により，複製」すること）や貸出，譲渡，公衆送信が認められている（37条3項，38条4項，47条の6第4号，47条の7，著作権法施行令2条1項）。ただし以上述べたことは，同じことを著作権者が既に行って市場に流通させているような場合，著作権者の許諾なしにはできない（37条3項ただし書）。著作権者の経済的利益に配慮した規定である。

　上に「公衆送信」と書いた。2018年改正の前は，視覚障害者等が利用するために製作した録音資料や拡大図書，マルチメディアDAISYなどをウェブサイトにアップロードしておき，必要な際にダウンロードしてもらうことが，権利者の許諾なくできた。しかし，改正前37条3項は，公衆送信のうち自動公衆送信以外のものを権利制限の対象としておらず，例えば，電子メールで障害者に対しデジタルデータの送付を行うメール送信サービスは対象外だった。一方，高齢の視覚障害者等を対象とするメール送信サービスの需要は高いとされていた。そのため，メール送信サービスなども権利制限の対象となるよう，規定が改められた。

　また，「視聴覚障害者情報提供施設（本書第2章4）だけでなく，大学図書館，国立国会図書館，公共図書館，学校図書館など」とも述べたが，「など」には，視覚障害者等のために情報を提供する事業を行う法人（法人格を有しないボランティア団体なども含む）で一定の要件を満たすものも含まれる（著作権法施行令2条1項2号，3号）。この点も2018年改正によるものである。

　37条3項に基づいて図書館がサービスを提供する際の指針として，権利者団体との協議に基づき，図書館関係5団体が「図書館の障害者サービスにおける著作権法第37条第3項に基づく著作物の複製等に関するガイドライン」を発表している[47]。

　なお，聴覚障害者等に貸し出すために，ビデオなどに字幕スーパーや手話の映像を付加することも，身体障害者福祉法の視聴覚障害者情報提供施設だけでなく，大学図書館，公共図書館，学校図書館などにも認められている（37条の

47　日本図書館協会．"図書館の障害者サービスにおける著作権法第37条第3項に基づく著作物の複製等に関するガイドライン"．https://www.jla.or.jp/library/gudeline/tabid/865/Default.aspx,（参照 2024-05-05）．

2第2号，著作権法施行令2条の2第1項2号）。ただし貸出には補償金の支払いが必要である（38条5項）。録音資料や拡大図書などの場合と同様，字幕スーパーや手話の映像を付加したビデオなどを著作権者が既に製作して市場に流通させているような場合，著作権者の許諾なしに同じことはできない（37条の2ただし書）。

4．保護期間

　著作権は強力な権利であるため，存続期間を有限とし，著作物の永久的な独占を認めず，一定期間後には著作権を満了させて情報利用の制限を解除するという仕組みが設けられている。

　保護期間の原則は，著作権の存続期間は著作物の創作のときに始まり，著作者の死後70年存続するというものである（51条）。例外もあり，無名，変名，または団体名義の著作物，および映画の著作物の場合，保護期間は公表後70年が原則である（52条1項，53条1項，54条1項）。

　保護期間については，2018（平成30）年，「環太平洋パートナーシップ協定の締結に伴う関係法律の整備に関する法律の一部を改正する法律」（通称：TPP11整備法，TPP整備法改正法）が成立，施行された。その中で，従来50年だった著作権の存続期間が，上のとおり70年に改められた。本章冒頭でも述べたが，資格取得のためのテキストをはじめ，図書館関連の書籍には少し古いものも多く，50年と書いてあるものもある。あるいは，本書を手に取っていただいている社会人の読者には，学生時代に50年と習った覚えがある方もいるかもしれない。本書刊行時点では70年なので留意されたい。

　世界的に，保護期間はどんどん延長されてきたが，それには批判も多い。よく引き合いに出される例だが，ディズニーは，著作権の切れたグリム童話を利用して，シンデレラや白雪姫などのアニメを作っており，保護期間が有限であることの恩恵を十分享受している。その一方で，ミッキーマウスについては著作権が切れたら困るということで，その著作権が切れそうになるたびに保護期間延長のロビー活動をしているのではないか，と指摘されている（なおミッキーマウスについては，2024年1月1日から，初代ミッキーマウスがついに著

作権切れになった（現代版のミッキーマウスなどの著作権は依然存続）。「ミッキーマウス　著作権」などでインターネット検索をするとおおよその状況が分かるので，関心のある読者は調べてみてほしい）。

　保護期間が長いことを問題視する論拠には以下のようなものがある。まず，保護期間が長ければ長いほど，何かの際に許諾が必要になった場合，権利者を探すコストが高くなる。著作権には，権利者を登録しておくデータベースがないので，権利者を探すことはもともと難しい場合がある。それに加えて保護期間が長くなると，相続が起こる回数が増え（著作者の死後，相続人が複数いる場合，著作物の利用には原則として全員の許可が必要（民法898条，899条）），権利者を探すのがますます困難になっていく。

　保護期間が終了した作品をアニメ化や漫画化したり，新訳を発表したりして，それらがブームになる例は多い。だが，保護期間が長くなるほど，権利処理のコストが上のように大きくなり，それらのような新たな創作が難しくなってしまうかもしれない。

　さらに，保護期間が長くなることには上のようなデメリットがあることに加え，大多数の著作者やその関係者にとって，メリットがほとんどない。現在，大半の書籍は発売直後に売れて終わりであり，ヒットして「重版発行！」となったり，ロングセラーになるものは限られている。まして，著作者の死後70年にわたり売れ続けているものはごくごく一部である。著作権の大きな存在理由は，既に述べたように，創作者にインセンティブを与え，創作振興に資するというものであるが，保護期間が延びて70年になったところで，大多数の著作者にとって，その効果は薄いと思われる。

　そればかりか，歴史に名を残す文豪にも同じことがいえるかもしれない。明治時代，日本の当時の著作権法の保護期間は著作者の死後30年だった。もしそれがもっと長かったとしたら，夏目漱石や森鴎外の創作意欲は増大し，より多くの作品を後世に残していたであろうか[48]。

48　以上5段落は特に以下を参照した。
　　中山信弘『著作権法』第4版，有斐閣，2023年，p. 575-579.
　　野口祐子『デジタル時代の著作権』筑摩書房，2010年，p. 156-165.
　　福井健策『著作権の世紀：変わる「情報の独占制度」』集英社，2010年，p. 107-129.

第 5 章

図書館政策

1．はじめに

　政策とは「一般に個人ないし集団が特定の価値（欲求の対象とするモノや状態）を獲得・維持し，増大させるために意図する行動の案・方針・計画」である[1]。本書第1〜4章で解説した法令も，図書館に関する「特定の価値」のための「案・方針・計画」の一部とみなせる。「図書館の法令」と「図書館政策」は概念的に重なる部分がある。本書第4章に「今後，学校図書館は31条に含まれるか？」という項を設けたが，法令の話でもあるし，政策の話題でもある（本書第4章3（4）②）。

　また，図書館法に基づく「図書館の設置及び運営上の望ましい基準」（本書第1章 図書館法7条の2の解説参照），学校図書館法などに基づく「学校図書館図書標準」（本書第2章1）や「学校図書館図書整備等5か年計画」（同），子どもの読書活動の推進に関する法律に基づく政府の「子どもの読書活動の推進に関する基本的な計画」（本書第3章1），都道府県の「都道府県子ども読書活動推進計画」（同），市町村の「市町村子ども読書活動推進計画」（同）なども，国や地方公共団体の図書館政策だといえる。

　本節では，基本的に以下，本書第1〜4章で解説した法令と重複しないようにしつつ（もちろん関連はするのだが），図書館に関する政策について述べる。対象にするのは，主に，政府関連の近年の政策文書（政府が設置した有識者会議の報告書の類い）である（本章2（1）や3の冒頭は除く）。

　それらにおける政策提言には，法令とは異なり強制力はない。よって，それ

1　大学教育社編『現代政治学事典』新訂版，ブレーン出版，1998年，p. 280.

らが実現する保証もない。また，それらのみが唯一正しい方針を示している，とまでは多分いえない。しかし，強制力のない文書だからこそ，図書館の研究者や実務家，有識者などによる（少なくとも一定以上の）自由な議論が反映されており，どのような方向性が今後望まれているかの，見方の一つを確認することができる。

　政府関連の政策文書のほかにも，図書館関連団体にまで目を広げれば，多くの政策提言を発見することができる。だが，それらの中には，「図書館界の願望や要請」の色彩が強いものもある。そうしたものも，業界の内外に向けて図書館界の要求を明らかにするためには有益だろうし，読む意義はある。また，政府が設置した有識者会議も，図書館関係者や，そうでないにしても，社会教育や学校教育などにおいて図書館が重要だとの立場の者がメンバーになっているわけで，完全にフラットな視点というよりは「図書館界の願望や要請」の色彩を帯びている場合がやはりあるかもしれない。それでも，政策文書類の中ではまだ客観的・中立的であり，かつ議論が深まっているであろうと判断し，政府系のものを本章では主に対象にする（上記のとおり，本章2（1）や3の冒頭は除く）。

　本章では，公共，学校，大学の各図書館を取り上げる。国立国会図書館については，同館は多くの政策を担っており，ウェブサイトでも確認できるが，とりわけ，本書第2章2の中で述べた国立国会図書館法の近年の改正や，著作権法31条の最近の大改正（本書第4章3（4）①）などに政策の方向性が見て取れる。

2．公共図書館

（1）先駆的な文献

　日本の図書館を代表する総合的な全国組織である，日本図書館協会の出版物には，特に1960年代以降，先駆的な図書館政策を打ち出したものがある。読者（特に，公共図書館の専門的職員たる司書やその志望者）にとって有益だと判断するため，「政府が設置した有識者会議の報告書の類い」ではないが，項を

設けて取り上げる。

　『中小都市における公共図書館の運営』（1963（昭和38）年，略称『中小レポート』）は，主に人口5万～20万の市の図書館を対象に，運営指針を示している。公共図書館の基本的機能は資料提供であることや，館外奉仕の重視，公共図書館が十分利用されるためには高水準の資料購入費が必要であること，利用者に直接サービスする市町村立図書館が公立図書館の中心であることなどを述べている。

　『市民の図書館』（1970年）は，市立図書館の運営指針を述べている。1965年開館の日野市立図書館の実践をもとに，市民の求める図書の自由で気軽な個人貸出，児童サービス，あらゆる人々へ個人貸出するための全域サービス網の展開を市立図書館の最重点目標としている。

　「公立図書館の任務と目標」（1989（平成元）年確定公表，2004年改訂）は，図書館サービス計画立案の参考資料として，公立図書館運営の目標と指針を提示している。全ての公立図書館を対象とする指針として日本で初めてのものである。日本図書館協会のウェブサイトで閲覧でき，また，『公立図書館の任務と目標解説』という出版物もある。

　『図書館による町村ルネサンスLプラン21：21世紀の町村図書館振興をめざす政策提言』（2001年）は，「町村の図書館設置促進のための調査研究」（通称「Lプロジェクト21」。LはLibraryのLでもあり，生涯学習（Lifelong Learning）の各頭文字のLでもある）の集大成として，21の政策（Lプラン21）を提言したものである。最終的に，町村図書館に対象を絞ることなく，広く図書館界の内外に対して新しい図書館のビジョンと政策を提言することになった。図書館を地域の情報拠点，生涯学習の中核施設と位置づけている。

（2）近年の政策文書

　公共図書館に関する近年の（といっても20年近く前になるが）代表的な政策文書として『地域の情報ハブとしての図書館』（2005年）および『これからの図書館像』（2006年）を挙げることができる。

　本章1で述べたとおり，これらの政策提言に強制力はない。また，両書だけ

が唯一正しい方針を示している，とまでは多分いえない。筆者は実際，公私両方の場で複数の図書館員から，両書が掲げる政策について，さまざまな意見を耳にしたことがある。政策に関して賛否が分かれるのは普通のことだろう。

だが，両書はいずれも，文部科学省から委嘱された研究調査グループによる政策文書であり，それらに示された見解は，「今後の日本の公立図書館のあり方に関して，公的という意味で正統派に属する見解」だと指摘することもできる[2]。また，国立国会図書館が発行した最近の調査研究リポートでも，「これからの図書館の在り方や図書館施設に求められること」の整理の中で両書の見解を紹介しており，現在も影響力を持っていると見てよい[3]。

『地域の情報ハブとしての図書館』は，ICT（Information and Communication Technology）技術の進展で可能となる図書館サービスのあり方などの検討を行うために，文部科学省生涯学習政策局参事官（学習情報政策担当）付の委託により設置された「図書館をハブとしたネットワークの在り方に関する研究会」が発行した。「課題解決型の図書館を目指して」という副題が付いている。ちなみにハブ（hub）とは「車輪の中心」に由来する言葉で，通常，複数の装置を互いに接続させるための中継装置のことである。

『これからの図書館像』は，図書館の現状や課題を把握・分析し，生涯学習社会における図書館の在り方について調査・検討を行うために設置された「これからの図書館の在り方検討協力者会議」（文部科学省生涯学習政策局社会教育課が庶務担当）が発行した。「地域を支える情報拠点をめざして」という副題が付いている。

これら二つの文書に共通する政策提言として，課題解決型の公共図書館というあり方，およびレファレンスサービスの充実が挙げられる。ほかにも，紙媒体と電子媒体の組み合せによるハイブリッド図書館の整備，ほかの図書館や関係機関との連携協力などを提案している。

2 　正確には両書を指したものではないが，括弧内は以下の文献による。
　　薬師院はるみ「専門職論の限界と図書館職員の現状」『図書館界』2017年，vol. 68, no. 6, p. 344-353. https://doi.org/10.20628/toshokankai.68.6_344,（参照 2024-05-05）.
3 　国立国会図書館『地域の拠点形成を意図した図書館の施設と機能』2020年. https://dl.ndl.go.jp/pid/11488787/1/1,（参照 2024-05-05）.

両書は理念的な議論だけでなく，地方公共団体などによる先進事例も取り上げている。『これからの図書館像』をもとにした，23の事例を扱った「これからの図書館像：実践事例集」という文書もある[4]。また，『これからの図書館像』などに触発され，各々の「図書館像」や「図書館アクションプラン」を定めた地方公共団体もある。それらをキーワードにしてインターネット検索すると複数ヒットするので参考にしてほしい。

①課題解決型図書館

『地域の情報ハブとしての図書館』は，従来の図書館のイメージは本を借りる所，自学自習をする所というものであったが，新たな公共図書館に期待される役割は課題解決型の公共図書館であるとし，具体例として以下の六つを提言している[5]。

ⅰ．ビジネス支援

空洞化する駅前商店街の活性化や，特産物のブランド化による地域振興のためのビジネス支援策への需要が高まっている。これまでの公共図書館の取り組みはビジネス関連の蔵書を集めたビジネス支援コーナーを設置するというものが多かったが，ICTを活用し，産業振興担当部署との連携や地域の情報資産の動員を図ることによって，より高度なサービスの提供が可能となる。

ただし，公共図書館の機能は，あくまでも，起業・創業活動に必要な利用者の判断を支援するための資料・情報の提供である。事業者の判断の先取りや，利用者の判断を誘導するような情報提供は行わない。

ⅱ．行政情報提供

中央省庁や地域の行政機関が保有する資料や情報を体系化したうえで，地域

---

4 図書館未来構想研究会．"これからの図書館像（実践事例集）"．https://www.mext.go.jp/a_menu/shougai/tosho/houkoku/06040715.htm，（参照 2024-05-05）．
5 同書全体を通じて論じられているが，例えば次の箇所を参照。
図書館をハブとしたネットワークの在り方に関する研究会『地域の情報ハブとしての図書館：課題解決型の図書館を目指して』2005年，p.5-6．https://www.mext.go.jp/a_menu/shougai/tosho/houkoku/05091401.htm，（参照 2024-05-05）．

住民や行政職員，議会議員に提供する。公共図書館は，行政職員や議員に対して，行政資料の情報提供機能だけでなく，政策立案など，仕事上の課題解決のためのレファレンスサービス機能も有すべきである。こうしたサービスを提供するうえで，全行政部署の資料・情報の横断的な調査，および国や他自治体の資料・情報などと組み合わせた調査を行える点で公共図書館は有効である。

iii．医療関連情報提供

医療サービスが高度化し，多様な選択肢が可能となる中，納得して治療を受けるための情報への需要が高まっている。公共図書館では，医療専門書に加え，医療専門データベース，医療機関のウェブ上に公開された資料など，最新の情報を組み合わせて提供し，病気に対する基礎的理解を助けるとともに，健康，予防医学，死生観など，関連する幅広い情報の提供を行うことができる。

また，介護・年金についても，自分自身や自分の両親などの家族がどのような介護関連サービスの提供を受けられるのかに関心が高まっており，地域の介護・年金に関する情報を気軽にいつでも検索し，比較できるような条件整備が望まれている。特に介護保険制度には，制度を運営する行政部署以外にサービスの実施者である数多くの介護施設，介護サービス提供機関などが関わるため，それぞれの関連する資料を含めた横串的な情報提供拠点として，公共図書館に期待される役割は大きい。

なお，公共図書館の機能は，あくまでも，「医」に関する資料・情報の提供であり，医療上のアドバイスや診断，治療，投薬などに関する判断をしない。また，「医」に関する問合せには十分なプライバシー保護の視点が必要であることに注意する。

iv．法務関連情報提供

隣人訴訟，環境問題，カード犯罪，リストラ，相続，損害賠償，著作権侵害など，日常生活においても法律の知識が必要となる悩み・疑問・具体的手続に関する情報提供への需要が高まっている。手軽で経済的負担のない情報源として地域の公共図書館の果たす役割は大きい。

ただし，公共図書館の機能は，あくまでも「法」に関する資料・情報の提供

による利用者の判断を支援することであり，法律上のアドバイスや訴訟，和解などに関する判断を行わない。また，医療情報提供と同様，十分なプライバシー保護の視点が必要である。

ⅴ．学校教育支援（子育て支援含む）

総合学習などの時間において，自分の住む地域に関する調査を行う児童・生徒に対して適切な資料・情報を提供することや，教員に対して教材作成支援のための資料・情報を提供するための支援体制作りを，公共図書館と学校との連携により構築することが求められている。また，子育て支援に関しては，必要な資料・情報の提供のほか，行政や外部のボランティア団体との連携による取り組みが必要となる。

ⅵ．地域情報提供・地域文化発信

地域特性を示す一般情報，地域住民や企業・団体が保有する資料・情報（図書・雑誌であっても一般に流通していない資料など），失われる可能性のある地域固有の風習，祭祀，方言などに関する情報を，博物館や郷土史料館などとの連携により，公共図書館が中心となってデジタルアーカイブ化し，体系的に整理保存する。また，地域外の住民に当該地域の理解を促進することや学術研究などのため，インターネットなどを使った情報発信も積極的に行う。

なお，地域情報のデジタルアーカイブに当たっては，当該資料・情報を創造・考案した個人などからインターネット公開の承諾を得ておくとともに，個人の知的財産権が保護される枠組みを準備しておく必要がある。さらに，プライバシー保護や人権への配慮，写真・映像などについては肖像権への配慮も必要である。

②レファレンスサービスの充実

課題解決型図書館を実現するためにも，レファレンスサービスの充実が必要だと両書が指摘している[6]。

『地域の情報ハブとしての図書館』は，公共図書館の特長の一つとして，司書によるレファレンスや情報検索機能（利用者問い合わせに対する文献調査機

能）を挙げている。すなわち，公共図書館の司書は，情報検索のノウハウや知識・経験によって，利用者からの問い合せに応じて有用な情報源に当たり，利用者の意図を汲んだ資料・情報を多面的に収集し，まとめて提供することが可能である。したがって，情報検索の機会や能力が不十分な利用者にとって，司書の資料・情報検索支援は，きわめて有効・有益なものである。『これからの図書館像』も，利用者が，求めている資料を的確に探し出し，あるいは短時間で調査の回答を得るためには，レファレンスサービスの活用が不可欠であるとしている。

　ところが，『これからの図書館像』によれば，レファレンスサービスを図書館が提供していることはあまり知られていない。原因として考えられるのは，レファレンスサービスの提供体制が不十分な図書館が多い（専用カウンターを設置していない，あるいは設置していても，2階の参考図書室や奥まった位置にあったり，職員を配置していない図書館が多い）ことである。その他，図書館サービスが貸出冊数や利用者数などで評価されてきたことなども挙げられる。

　今後は，貸出サービスのみを優先することなく，レファレンスサービスを不可欠のサービスと位置付け，その利用を促進するような体制と環境を用意することが必要である。そのためには，専用デスクを設置して，確実に職員を確保することにより，職員の能力の向上を図るとともに，利用状況やサービスの質の評価を行い，改善を図っていくことが求められる。また，図書館に来館しにくい人や勤務時間後に図書館の利用を望む人のために，電話，ファックス，電子メールでレファレンス質問を受け付け，学校，行政部局，市民団体，商工団体などの組織に対して広報することも必要である，と『これからの図書館像』は述べている。

6　両書全体を通じて論じられているが，例えば次の箇所を参照。
　これからの図書館の在り方検討協力者会議『これからの図書館像：地域を支える情報拠点をめざして』2006年，p. 12-13．https://warp.ndl.go.jp/info : ndljp/pid/287175/www.mext.go.jp/b_menu/houdou/18/04/06032701.htm，（参照 2024-05-05）．
　図書館をハブとしたネットワークの在り方に関する研究会『地域の情報ハブとしての図書館：課題解決型の図書館を目指して』2005年，p. 20-21．https://www.mext.go.jp/a_menu/shougai/tosho/houkoku/05091401.htm，（参照 2024-05-05）．

（3）今後に向けて

　上記（2）でも述べたとおり，『地域の情報ハブとしての図書館』および『これからの図書館像』の発行から既に20年近く経過している。今後は，それらが提言した政策の実態（どのように，どれだけ実行されたかなど）の検討や評価，さらなる政策（両書を継承するものであれ，別の方向性を提言するものであれ）の登場に注目したい。

3．学校図書館

　学校図書館に関する政策については，本書のほかの章，および本章1でも触れた施策も参考になる。文部科学省や全国学校図書館協議会などのウェブサイトなどで関連情報を閲覧できる。

　また，蔵書のデータベース化や学校図書館のネットワーク化，学校図書館支援センターの確立・推進，学校図書館と公共図書館との連携などを推進しようと，文部科学省が以下のプロジェクトを計画・実施してきたことも紹介しておく。学生であれ現職者であれ，読者が，以下の詳細な内容や成果，課題などについて調査・検討を行えば，レポートや論文を書くことも可能だと思われる（本書のほかの事項についてもいえる）。その意味でも読者に有益と思われる[7]。

　「学校図書館」や「読書」のような分野には，ひょっとすると，地味で日の目を見ないイメージを持っている読者もおられるかもしれない。しかし，このように整理してみると，一定以上のリソースを政府は投入してきているように思われる。

- 学校図書館情報化・活性化推進モデル地域事業（文部省（当時），1995〜2000年度）

7　これらは，インターネットなどで調べることも不可能ではないが，ヒットしづらく，容易ではないと思われる。2024年5月および8月に，電話およびメールにて，文部科学省 総合教育政策局 地域学習推進課 図書館振興係様に照会し，ご教示をいただいた。この場を借りて感謝を申し上げる。

- 学校図書館資源共有型モデル地域事業（2001〜2003年度）
- 学校図書館資源共有ネットワーク推進事業（2004〜2006年度）
- 学校図書館支援センター推進事業（2006〜2008年度）
- 学校図書館の活性化推進総合事業（2009年度）
- 確かな学力の育成に係る実践的調査研究（2010〜2014年度）。その中で，「学校図書館の有効な活用方法に関する調査研究」（2010〜2012年度）や「学校図書館担当職員の効果的な活用方策と求められる資質・能力に関する調査研究」（2013，2014年度）を実施。
- 学校図書館の活性化の推進（2013，2014年度）
- 司書教諭及び学校司書の資質の向上等を通じた学校図書館改革（2015〜2019年度）。その中で，「学校司書の資格・養成の在り方や資質能力の向上等に係る調査研究事業」（2015〜2017年度）や「学校図書館ガイドラインを踏まえた学校図書館の利活用に係る調査研究」（2018，2019年度）などを実施。
- 学校図書館総合推進事業（2020，2021年度）。その中で，「学校図書館の活性化に向けた調査研究委託事業」（2020，2021年度）などを実施。
- 読書活動総合推進事業（2022年度〜現在）。その中で，「図書館・学校図書館等を活用した読書活動の推進」などを実施。

（1）学校司書と教育指導的職務

　学校図書館に関する政府関連の政策文書を見ていこう。ポイントの一つを先に述べると，近年，学校司書の職務を従来よりも拡大し，教育指導的職務にまで及ぶべしとする論が目立つようになってきている。

　学校図書館の職務は経営的職務（例えば校内外での連絡・調整など），技術的職務（例えば学校図書館メディアの発注・受入，分類・排架，点検・修理など），奉仕的職務（例えば読書相談など），教育指導的職務（例えば図書館活用指導や情報活用指導などに関する計画立案と実施，教育課程の編成や展開への支援，学校図書館メディアの活用にあたっての助言や指導，図書委員会の指導など）の4分野に大まかに分かれる。経営的職務と教育指導的職務を主に担う

のが司書教諭であり，技術的職務と奉仕的職務を主として担当するのが学校司書である。細部に相違はあるものの，司書教諭と学校司書の職務について，文部科学省関連の文書も含め，おおむねそのように説明するものが従来多かった。

　2009（平成21）年，文部科学省が設置していた「子どもの読書サポーターズ会議」が『これからの学校図書館の活用の在り方等について（報告）』（以下『報告2009』）を発表した[8]。その中で，司書教諭は，学校図書館の運営を総括し，学校図書館を活用した教育活動を企画・指導し，教育課程の編成・展開に関する他教員への助言などを行うとした[9]。学校司書は，「図書の貸出，返却，目録の作成等の実務のほか，資料の選択・収集や，図書の紹介，レファレンスへの対応，図書館利用のガイダンスなど，専門性を求められる業務において大きな役割を担っている例が少なくない」と述べ[10]，また，学校図書館の運営にかかる専門的・技術的業務や実務を担うほか，学校図書館を活用した教育活動に協力・参画するとした[11]。

　その後の文献は，さらに踏み込んだ。『報告2009』の後，学校司書法制化の検討が本格化しはじめた2013年，学校図書館担当職員に求められる役割・職務およびその資質能力の向上方策について国として取りまとめることを目的として，「学校図書館担当職員の役割及びその資質の向上に関する調査研究協力者会議」が発足した。同会議の最終報告書である『これからの学校図書館担当職員に求められる役割・職務及びその資質能力の向上方策等について（報告）』（2014年。以下『報告2014』）[12]は次のとおり明記し，従来の技術的職務や奉仕的職務だけでなく，教育指導的職務に学校司書が関わっていくべきとした。なお，以下で「学校図書館担当職員」とあるのは学校司書のことである。

8　子どもの読書サポーターズ会議『これからの学校図書館の活用の在り方等について（報告）』2009年．https : //www.mext.go.jp/a_menu/shotou/dokusho/meeting/__icsFiles/afieldfile/2009/05/08/1236373_1.pdf．（参照 2024-05-05）．
9　『報告2009』別紙2「学校図書館の専門スタッフとボランティアの役割分担例改訂」．
10　『報告2009』p. 18．
11　『報告2009』別紙2「学校図書館の専門スタッフとボランティアの役割分担例改訂」．
12　学校図書館担当職員の役割及びその資質の向上に関する調査研究協力者会議『これからの学校図書館担当職員に求められる役割・職務及びその資質能力の向上方策等について（報告）』2014年．https : //www.mext.go.jp/b_menu/shingi/chousa/shotou/099/houkoku/1346118.htm．（参照 2024-05-05）．

学校図書館担当職員は，学校図書館を運営していくために必要な専門的・技術的職務に従事するとともに，<u>学校図書館を活用した授業やその他の教育活動を司書教諭や教員と共に進める</u>[13]。

　学校図書館担当職員は，図書館資料の管理，館内閲覧・館外貸出などの<u>児童生徒や教員に対する「間接的支援」や「直接的支援」に加え，各教科等の指導に関する支援など「教育指導への支援」に関する職務を担っていくことが求められる</u>[14]。

『報告2014』は，上記のとおり述べたうえで，こうした役割を学校司書が担っていくためには，学校図書館の「運営・管理」と児童生徒に対する「教育」との両面にわたる知識・技能を習得することが求められることや，体系的な研修の実施，学校司書を支援するための体制構築などを提言している。
　また，例えば次のように，司書教諭と学校司書の協働を強調している点，協働のあり方にはさまざまなものがあり得ると書いているように読める点が注目される。

　学校図書館の経営・運営に関する方針や，利用指導・読書指導・情報活用に関する各種指導計画等は，教育課程とどのように結びつけるのかということが重要である。したがって，一般的には，教育指導に関する専門的知識等を有する司書教諭がその立案・取りまとめに従事し，学校図書館担当職員は，図書館資料とその利活用に関する専門的知識等に基づき，必要な支援を行うという形態が想定されるが，実際には両者は協働して当たることが求められる[15]。

　司書教諭と学校図書館担当職員は，それぞれに求められる役割・職務に基づき，連携・協力を特に密にしつつも，具体的な職務分担については，

13　『報告2014』p. 7，下線は筆者。
14　『報告2014』「報告のポイント」，下線も含めて原文ママ．
15　『報告2014』p. 8．

各学校におけるそれぞれの配置状況等の実情や学校全体の校務のバランス等を考慮した柔軟な対応も必要となる[16]。

学校図書館に関する多くの著作で著名な渡邊重夫は，『報告2014』での学校司書の職務内容は，「学校司書の「教育」分野への職務の広がり」へとつながるものであり，また，「学校図書館での協働関係のありようの再検討を迫るもの」であると指摘している[17]。

『報告2014』の後，学校図書館の運営にかかる基本的な視点や，学校司書資格・養成などのあり方に関して，関係者が共有するための一定の指針を得るため，「学校図書館の整備充実に関する調査研究協力者会議」が2015年から2017年まで設置され，学校図書館の整備充実に関する調査研究を行った。その報告書である『これからの学校図書館の整備充実について（報告）』（2016年．以下『報告2016』）も，上の方向性を継承している[18]。

（2）「学校図書館ガイドライン」

政府関連の近年の政策文書において，上の（1）と並んで特筆すべきものとして，「学校図書館ガイドライン」を挙げねばならない[19]。

紙数の都合もあり，比較的最近の政策文書を中心に本章では紹介している。だが政策文書にも歴史がある。第二次大戦後の新学制（6-3-3-4制）では学校図書館が重要な意義と役割を持つという認識や，総司令部民間情報教育局（GHQ, Civil Information and Education Section：CIE）の影響の下，1948（昭和23）年，『学校図書館の手引』を文部省（当時）が編集，刊行した[20]。日本

16　『報告2014』p. 8.
17　渡邊重夫『学校経営と学校図書館』青弓社，2015年．p. 39-40.
18　学校図書館の整備充実に関する調査研究協力者会議『これからの学校図書館の整備充実について（報告）』2016年．https://www.mext.go.jp/component/b_menu/shingi/toushin/__icsFiles/afieldfile/2016/10/20/1378460_02_2.pdf，（参照 2024-05-05）．
19　ほかには，本項でも少し触れているが，学校司書のモデルカリキュラムであろう。詳しくは本書第2章1を参照．
20　文部省『学校図書館の手引』師範学校教科書，1948年．

の学校図書館に関する最初のガイドラインであり，学校図書館についての具体的なイメージを関係者にもたらした。それ以降，学校図書館に関する指針は複数打ち出されている。時代の変化とともに新たなものが今後も登場するかもしれない。文部科学省の見解を示すものとしては，「学校図書館ガイドライン」が現時点で最新のものであり，押さえておきたい。インターネット上ですぐに原文を読むことができる[21]。

上記（1）でも触れた『報告2016』で原案を示した後，各都道府県教育委員会教育長などに宛てて文部科学省は2016年11月に「学校図書館の整備充実について（通知）」を発し，その別添資料として「学校図書館ガイドライン」を示した[22]。

同ガイドラインは，教育委員会や学校の参考になるよう，学校図書館の運営上の重要な事項について望ましいあり方を示したものであり，以下の七つの項目から成る。

①学校図書館の目的・機能
②学校図書館の運営
③学校図書館の利活用
④学校図書館に携わる教職員等
⑤学校図書館における図書館資料
⑥学校図書館の施設
⑦学校図書館の評価

内容を少し紹介しておく。例えば，「学校図書館は，可能な限り児童生徒や教職員が最大限自由に利活用できるよう，また，一時的に学級になじめない子

---

[21] 筆者は，1948年の『学校図書館の手引』をはじめ，「学校図書館図書整備等5か年計画」や「学校図書館図書標準」「学校図書館ガイドライン」などについて，別の拙稿でやや詳しく解説した。関心のある読者は参考にしてほしい。
後藤敏行「第4章 学校図書館の指針」（雪嶋宏一ー編著『学校図書館概論』勉誠社，2024年または2025年発行予定）．
[22] 文部科学省．"別添1「学校図書館ガイドライン」"．https://www.mext.go.jp/a_menu/shotou/dokusho/link/1380599.htm，（参照 2024-05-05）．

供の居場所となりうること等も踏まえ，児童生徒の登校時から下校時までの開館に努めることが望ましい。また，登校日等の土曜日や長期休業日等にも学校図書館を開館し，児童生徒に読書や学習の場を提供することも有効である」という指摘をはじめ，学校図書館の望ましい運営の在り方を提起している。

また，司書教諭や学校司書はもとより，例えば「校長は，学校教育における学校図書館の積極的な利活用に関して学校経営方針・計画に盛り込み，その方針を教職員に対し明示するなど，学校図書館の運営・活用・評価に関してリーダーシップを強く発揮するよう努めることが望ましい」など，教職員に求められる役割を述べている。

さらに，「小学校英語を含め，とりわけ外国語教育においては特に音声等の教材に，理科等の他の教科においては動画等の教材に学習上の効果が見込まれることから，教育課程の展開に寄与するデジタル教材を図書館資料として充実するよう努めることが望ましい」とし，デジタル資料の充実の必要も訴えている。

「学校図書館ガイドライン」でもやはり，「学校司書は，学校図書館を運営していくために必要な専門的・技術的職務に従事するとともに，学校図書館を活用した授業やその他の教育活動を司書教諭や教員とともに進めるよう努めることが望ましい。具体的には，1 児童生徒や教員に対する「間接的支援」に関する職務，2 児童生徒や教員に対する「直接的支援」に関する職務，3 教育目標を達成するための「教育指導への支援」に関する職務という3つの観点に分けられる」として，教育指導的職務に学校司書が携わるべきことを主張している。

本書第2章で述べたとおり，『報告2016』は学校司書のモデルカリキュラムも示した（本書第2章1）。学校図書館の運営・管理・サービスに関する科目と並んで，児童生徒に対する教育支援に関する科目でカリキュラムは構成されており，本項および前項の議論と方向性を同じくしている。

（3）今後に向けて

今後は，本節で指摘した，教育指導的職務に学校司書が携わるべきとする論がどのように，どれだけ現実化したか，また，「学校図書館ガイドライン」がどのように，どれだけ教育現場に影響を与えたかなどの把握や評価が求められ

よう。それらに基づき，将来的には，司書教諭や学校司書の役割分担・協働に関する新たな方向性が示されたり，「学校図書館ガイドライン」を改訂したり，あるいは新たなガイドラインを策定する動きが続くと思われる。

4．大学図書館

　大学図書館に関する政策については，文献によって細部は異なるものの，①機関リポジトリを設置運用することによって，学術情報のオープンアクセス化への貢献や，機関の教育・研究成果の可視化などを推進するべきある②情報リテラシー教育を行ったり，ラーニングコモンズを設置運用したりすることによって，学生の学修を支援するべきである，という2点がここ15～20年ほどの定番の議論になっている。文献によっては③以上の業務を担当できる専門的人材を図書館に置くべきであるという主張もなされてきた。

　大学図書館を主としたものだけでなく，大学図書館も関連するが，それに限定されないより大きな話題を主題にしたものもあり，取捨選択が難しいが，その間の代表的な政策文書には，科学技術・学術審議会 学術分科会の委員会や部会によるものなど，以下がある。これらの中で，上の①～③などが提言されてきた。詳細を本節（1）以降で見ていこう。

- 『学術情報基盤の今後の在り方について（報告）』（2006（平成18）年）[23]
- 『大学図書館の整備について（審議のまとめ）：変革する大学にあって求められる大学図書館像』（2010年）[24]
- 『学術情報の国際発信・流通力強化に向けた基盤整備の充実について』（2012年）[25]

23　科学技術・学術審議会 学術分科会 研究環境基盤部会・学術情報基盤作業部会『学術情報基盤の今後の在り方について（報告）』2006年．https://www.mext.go.jp/b_menu/shingi/gijyutu/gijyutu4/toushin/1213896.htm，（参照 2024-05-05）．
24　科学技術・学術審議会 学術分科会 研究環境基盤部会 学術情報基盤作業部会『大学図書館の整備について（審議のまとめ）：変革する大学にあって求められる大学図書館像』2010年．https://www.mext.go.jp/b_menu/shingi/gijyutu/gijyutu4/toushin/1301602.htm，（参照 2024-05-05）．

- 『学修環境充実のための学術情報基盤の整備について（審議まとめ）』（2013年）[26]
- 『大学等におけるジャーナル環境の整備と我が国のジャーナルの発信力強化の在り方について』（2014年）[27]
- 『学術情報のオープン化の推進について（審議まとめ）』（2016年）[28]
- 『コロナ新時代に向けた今後の学術研究及び情報科学技術の振興方策について（提言）』（2020（令和2）年）[29]
- 『我が国の学術情報流通における課題への対応について（審議まとめ）』（2021年）[30]
- 『オープンサイエンス時代における大学図書館の在り方について（審議のまとめ）』（2023年）[31]

さらに，政府の『第4期科学技術基本計画』（2011年）が，オープンアクセスおよび機関リポジトリを推進することを明記した[32]。『第5期科学技術基本計画』（2016年）や『第6期科学技術・イノベーション基本計画』（2021年）な

---

[25] 科学技術・学術審議会 学術分科会 研究環境基盤部会 学術情報基盤作業部会『学術情報の国際発信・流通力強化に向けた基盤整備の充実について』2012年．https://www.mext.go.jp/b_menu/shingi/gijyutu/gijyutu4/toushin/1323857.htm，（参照 2024-05-05）．

[26] 科学技術・学術審議会 学術分科会 学術情報委員会『学修環境充実のための学術情報基盤の整備について（審議まとめ）』2013年．https://www.mext.go.jp/b_menu/shingi/gijyutu/gijyutu4/031/houkoku/1338888.htm，（参照 2024-05-05）．

[27] ジャーナル問題に関する検討会『大学等におけるジャーナル環境の整備と我が国のジャーナルの発信力強化の在り方について』2014年．https://www.mext.go.jp/b_menu/shingi/chousa/shinkou/034/gaiyou/1351118.htm，（参照 2024-05-05）．

[28] 科学技術・学術審議会 学術分科会 学術情報委員会『学術情報のオープン化の推進について（審議まとめ）』2016年．https://www.mext.go.jp/b_menu/shingi/gijyutu/gijyutu4/036/houkoku/1368803.htm，（参照 2024-05-05）．

[29] 科学技術・学術審議会学術分科会・情報委員会『コロナ新時代に向けた今後の学術研究及び情報科学技術の振興方策について（提言）』2020年．https://www.mext.go.jp/b_menu/shingi/mext_00538.html，（参照 2024-05-05）．

[30] 科学技術・学術審議会・情報委員会・ジャーナル問題検討部会『我が国の学術情報流通における課題への対応について（審議まとめ）』2021年．https://www.mext.go.jp/b_menu/shingi/gijyutu/gijyutu29/001/mext_00650.html，（参照 2024-05-05）．

どでは，オープンアクセスと研究データのオープン化（オープンデータ）を含む概念である，オープンサイエンスの推進を提唱している[33]。

内閣に設置された「統合イノベーション戦略推進会議」が決定した「学術論文等の即時オープンアクセスの実現に向けた基本方針」（2024年）も，「学術論文及び根拠データの機関リポジトリ等の情報基盤への掲載を通じて，誰もが自由に利活用可能となることを目指す」としている[34, 35]。

（1）学術情報流通などと機関リポジトリ

①背景

学術情報（特に学術雑誌掲載論文）を，インターネット上で無料で閲覧可能な状態に置くことをオープンアクセス（略称：OA）と呼ぶ。インターネットの普及を背景に，1990年代後半からオープンアクセス化を広げようとする運動が活発になった。

国内外の大学図書館は1980年代から，雑誌価格が大学側の購買力を超えて上

---

31 科学技術・学術審議会・情報委員会・オープンサイエンス時代における大学図書館の在り方検討部会『オープンサイエンス時代における大学図書館の在り方について（審議のまとめ）』2023年．https://www.mext.go.jp/b_menu/shingi/gijyutu/gijyutu29/004/mext_00001.html, （参照 2024-05-05）．
32 内閣府．"第4期科学技術基本計画（平成23〜27年度）"．https://www8.cao.go.jp/cstp/kihonkeikaku/index4.html, （参照 2024-05-05）．
33 内閣府．"第5期科学技術基本計画"．https://www8.cao.go.jp/cstp/kihonkeikaku/index5.html, （参照 2024-05-05）．
内閣府．"第6期科学技術・イノベーション基本計画"．https://www8.cao.go.jp/cstp/kihonkeikaku/index6.html, （参照 2024-05-05）．
34 統合イノベーション戦略推進会議．"学術論文等の即時オープンアクセスの実現に向けた基本方針"．https://www8.cao.go.jp/cstp/oa_240216.pdf, （参照 2024-05-05）．
35 本書のほかの箇所でも同様のことを述べたが，本書発行後も，新たな文献が登場するなど状況は変化するので注意されたい。例えば，本書の原稿を出版社にいったん提出した後，以下のURL内にあるような文献も発表されている。
文部科学省．"オープンサイエンスの時代にふさわしい「デジタル・ライブラリー」の実現に向けて〜2030年に向けた大学図書館のロードマップ〜"．https://www.mext.go.jp/b_menu/shingi/chousa/shinkou/071/mext_00002.html, （参照 2024-08-14）．

昇し，購読をキャンセルせざるを得なくなる事態（そして購読数の減少がさらなる価格上昇を招く，という悪循環が生まれる事態。学術雑誌の危機。雑誌の危機，シリアルズ・クライシスなどとも呼ばれる）に悩まされてきた[36]。

学術雑誌の危機や，学術雑誌の出版が少数の大手商業出版社による寡占状態にあること（学術雑誌の危機の要因とも見なされていた）に対抗し，オープンな学術コミュニケーションの仕組みをつくり出すべく，1998年，北米の研究図書館協会（Association of Research Libraries：ARL）がSPARC（Scholarly Publishing and Academic Resources Coalition）を創設した。この動きはヨーロッパにも広がり（SPARC Europe），日本でも2003年，大学共同利用機関法人情報・システム研究機構の一部である，国立情報学研究所が主体となり，オープンアクセスなどの推進に取り組む事業として，SPARC Japan（国際学術情報流通基盤整備事業）が開始された。

また，2002年，ブダペストオープンアクセス運動（Budapest Open Access Initiative：BOAI）が宣言（ブダペスト宣言。なお，この宣言を指してBudapest Open Access InitiativeやBOAIなどと呼ぶ場合もある）を提唱し，オープンアクセス誌と研究者によるセルフアーカイビングという二つの戦略を推奨した。

②オープンアクセス誌

従来の学術雑誌は，購読料や学会の会費によって，商業出版社や学会が経

---

[36] 最近の文献には，本質的な問題は，ビッグディール契約（包括契約，パッケージ契約，あるいはバンドル契約とも呼ばれ，電子ジャーナルを1タイトルずつ購読するのでなく，出版社の発行する全てのタイトルを閲覧可能にするもの。契約開始時点で購読していた雑誌に対する購読額を基本として，非購読誌にもアクセスするためのわずかなアクセス料金を上乗せした金額を支払うことによって，全タイトルアクセスの権利を得ることができる）という契約形態にある（ビッグディール契約により，個別購読時には契約外であったジャーナルにもアクセスが可能になるため，真に必要なジャーナルの選定などを行わず，ビッグディール契約を維持し続ける，という思考を生んでいるから）との意見も示されている。
科学技術・学術審議会・情報委員会・ジャーナル問題検討部会『我が国の学術情報流通における課題への対応について（審議まとめ）』2021年，p. 3. https://www.mext.go.jp/b_menu/shingi/gijyutu/gijyutu29/001/mext_00650.html，（参照 2024-05-05）.

営・運営を成立させ，発行している。基本的に，購読者しか読むことができない。図書館にある学術雑誌は，図書館利用者なら誰でも読めるが，図書館が購読者となっている。その図書館を利用できない人は読めない。よって，例えば大規模大学の研究者とそれ以外の研究者の間に，研究環境の格差が生じ得る。

一方オープンアクセス誌は，著者が投稿料や掲載料を支払い，運営を成立させる。読む側は無料である。オープンアクセスの査読付き学術雑誌として有名なものとして，例えば，非営利の出版社である PLOS（Public Library of Science）が刊行している *PLOS Biology* や *PLOS ONE* がある。

ただし，構図を分かりやすくするために上のように書いたが，従来の学術雑誌にも投稿料や掲載料が必要な場合があり，また，オープンアクセス誌も学会や大学が資金を拠出したり，寄付を受けたりする場合がある。さらに，上の二つでいえば「従来の学術雑誌」に相当するものでも，発行から一定期間（embargo，エンバーゴ）後に掲載論文をインターネット上に公開するものや，機関リポジトリ（後述）に掲載論文を著者が登録することを認めているものもある。

公的資金を受けた研究成果のオープンアクセス化が世界的な流れになってもいる。例えば米国では2007年，米国国立衛生研究所（National Institutes of Health：NIH）から予算を受けて行った研究の成果は，NIH のデジタルアーカイブである PubMed Central（PMC）へ，発表後12か月以内に提出し，公衆が無料でアクセスできる状態にしなければならない，ということが法律で義務化された。公的資金による研究成果のオープンアクセス化は，資金と研究成果の透明性の把握や，国民に対する研究成果の普及に貢献する。

③セルフアーカイビング，機関リポジトリ

セルフアーカイビングとは，学術雑誌掲載論文などを，著者個人や所属大学などのウェブサイトで蓄積・公開することを指す。現在，多くの大学が機関リポジトリ（institutional repository．学術機関リポジトリなどとも）というシステムを用意している。

機関リポジトリとは，大学などの研究機関が，教育・研究の成果物（学術情報，学術情報資源などとも呼ぶ）をデジタル形式で収集・組織化・保存および発信するためにサーバを設け，インターネットを通じて公開するシステムであ

る。教育・研究の成果物の例には，所属教員や大学院生などによる学術雑誌掲載論文（査読を経ていない状態の版（プレプリント），査読を経た状態の版（ポストプリント）のいずれも含む）や学位論文，紀要，学会発表資料，調査報告書，講演資料，講義資料などがある。多くの場合，機関の附属図書館が運用を担当する。

　機関リポジトリの効果として，学術情報のオープンアクセス化に貢献すること，機関の教育・研究成果がまとまって公開され，分かりやすくなること，講義資料などの失われやすいコンテンツの保存が可能になること，などが挙げられる。つまりオープンアクセス運動への貢献だけでなく，機関の教育・研究成果の視認性の向上や学術情報のアーカイブといった機能をも，機関リポジトリは担う。

　日本でも，現在多数の大学で，機関リポジトリを通じて紀要を公開している。また，学位規則（1953（昭和28）年制定）の改正により，2013年4月以降の博士論文は，原則として，学位授与大学などを通じてインターネットで公表されることになったが（学位規則8条，9条），各大学の機関リポジトリでの公表を基本としている[37]。

　機関リポジトリでは，OAI-PMHというプロトコルなどに準じて，検索のためのメタデータを，登録したコンテンツに付与する。これにより，Googleなどの検索エンジンでヒットするだけでなく，国立情報学研究所やOCLC（共同で目録作業をする際，参加館が共通にアクセスするデータベースを維持管理する組織を書誌ユーティリティと呼ぶが，OCLCはその代表例であり，世界的な規模でさまざまなサービスを行っている）などの，全国規模，世界規模のデータベースの検索対象となり，個人のウェブサイトで公開するよりも効果的に情報を発信できる。

37　文部科学省．"学位規則の一部を改正する省令の施行等について（通知）"．https://www.mext.go.jp/a_menu/koutou/daigakuin/detail/1331796.htm，（参照 2024-05-05）．

(2) 情報リテラシーやラーニングコモンズによる学修支援

①情報リテラシー教育

　多岐にわたるさまざまな情報の中から必要なものを選び出し，読み解き，問題の解決や新たな情報の創造・発信をする能力は情報リテラシーあるいは情報活用能力と呼ばれる。

　大学図書館において，情報リテラシー教育およびその支援が主要な業務の一つになっていることが多い。参加希望者を図書館に集めて行う場合もあれば，教員との連携の下，ゼミや講義の1～複数回に図書館員が参加して実施するケースもある。情報リテラシー教育に関する大学図書館の業務には，例えば次のようなものがある。

- 図書館の設備や基本的なサービス，利用法全般を伝える図書館ツアーやオリエンテーション。
- OPACや各種データベースの活用法の講習会。
- 論文・レポートの作成法やプレゼンテーション技法の講習会。

②ラーニングコモンズ

　ラーニングコモンズとは，複数の学生が集まって，デジタルメディアも含めたさまざまな情報資源から得られる情報を用いて議論を進めていく学習スタイルを可能にするスペースである。情報資源やコンピュータ設備，移動可能なテーブルや椅子などだけでなく，それらを使った学生の自学自習を支援する人的サービス（レポート執筆などの相談に乗るティーチングアシスタントなど）も提供する。

　ラーニングコモンズは，大学図書館の取り組む，学修支援のための施設であるといえる。もちろん学修支援は大学図書館の本来の機能の一つだが，グループ学習のための協働空間でもある点や，例えば上記のような機器・設備などがラーニングコモンズの特徴である。なお，「千葉大学アカデミック・リンク・

センター」など，大学ごとにさまざまな名称がある。大学図書館とは別にラーニングコモンズが設置される例もある（同志社大学など）。

ラーニングコモンズについて，以下のような提案もなされている。以下を読むと，ラーニングコモンズは，情報リテラシー教育を実践する場としても機能するといえそうである[38]。

> 学生の自学自習を支援するためには，教員や図書館職員だけではなく，大学院生や学部3，4年生などが自身の経験などに基づき下級生を指導する体制を組織化することも効果があると考えられる。
>
> このような「場」を利用して，学生がレポートや論文の書き方を実践的に学んだり，ライティングセンターの講義や演習を実施することも考えられる。また，各種検索ツールや大学図書館の使い方のガイダンス，教員による研究会の実施にも対応することで，学生や教職員の知的交流活動の活性化を図ることが可能であろう。

（3）専門的人材の育成・確保

以上述べたような状況の変化に対応するために，専門的人材の育成・確保に関して，例えば次のような提言がなされてもいる。

> 図書館の果たす役割の変化に伴い，様々な学修を支援する活動の企画・実施を担当する専門職として，教員や他の職員とも異なる中間職的な人材が必要になる[39]。

---

38 科学技術・学術審議会 学術分科会 研究環境基盤部会 学術情報基盤作業部会『大学図書館の整備について（審議のまとめ）：変革する大学にあって求められる大学図書館像』2010年．https://www.mext.go.jp/b_menu/shingi/gijyutu/gijyutu4/toushin/1301602.htm，（参照 2024-05-05）．

39 科学技術・学術審議会 学術分科会 学術情報委員会『学修環境充実のための学術情報基盤の整備について（審議まとめ）』2013年，p. 7．https://www.mext.go.jp/b_menu/shingi/gijyutu/gijyutu4/031/houkoku/1338888.htm，（参照 2024-05-05）．

大学図書館における状況の変化に対応し，大学図書館が重要な学術情報基盤としての機能を効果的に発揮していくためには，図書館職員のうち，中核となる者については，［中略］従来の事務職員とは異なる職種と位置付け，大学内の様々な情報管理業務に関与していくべきである[40]。

大学等においては，技術職員や大学図書館職員等が，データキュレーター[41]としての一定の機能を担っていくことも期待されている。しかしながら，既存の業務も担当しつつ新たな取組とするには限界があるため，職員の能力開発と併せて，専門人材の新たな確保についても考慮することが望まれる[42]。

（4）今後に向けて

文部科学省が毎年実施している「学術情報基盤実態調査」の令和5年度版によれば，機関リポジトリの構築（公開）大学数は812大学中655大学に達しており（国立大学に限ると全86大学の100％），アクティブ・ラーニング・スペース（同調査ではこの名称を用いているが，ラーニングコモンズのことを指すと考えて差し支えない）設置数も，全1537館・室中811館・室が設置するに至っている（こちらは大学ごとでなく，館・室（中央図書館，分館，部局図書館）ごとに集計）。経年的な推移を見ても，政府関連の政策文書が示す方向のとおり

40　科学技術・学術審議会 学術分科会 研究環境基盤部会 学術情報基盤作業部会『大学図書館の整備について（審議のまとめ）：変革する大学にあって求められる大学図書館像』2010年．https://www.mext.go.jp/b_menu/shingi/gijyutu/gijyutu4/toushin/1301602.htm，（参照 2024-05-05）．

41　多くのデータの中から，利活用可能なデータを選び出し，それらを必要に応じ修復し，また，データを組み合わせることも含めて分析する役割を担う人材．
科学技術・学術審議会 学術分科会 学術情報委員会『学術情報のオープン化の推進について（審議まとめ）』2016年，p. 17．https://www.mext.go.jp/b_menu/shingi/gijyutu/gijyutu4/036/houkoku/1368803.htm，（参照 2024-05-05）．

42　科学技術・学術審議会 学術分科会 学術情報委員会『学術情報のオープン化の推進について（審議まとめ）』2016年，p. 13．https://www.mext.go.jp/b_menu/shingi/gijyutu/gijyutu4/036/houkoku/1368803.htm，（参照 2024-05-05）．

に順調に伸びてきている感がある（ただし別の見方をすれば，政策提言を待たずに，現場の気運が高まるなど実態の方が先に進展し，政府関連の文書がそれを追認しているだけのように感じなくもない。本書の域を超えてしまうが，どちらの感覚が当たっているのか，検証する研究の余地があるかもしれない)[43]。

だが，学術雑誌の危機（本節（1）①）を根本的に打破したり，前項で紹介したような専門職が広く実現したりする状況には至っていない。今後は，それらにどれだけ迫ることができるかを注視したい。後者の専門職については，そもそも，それを広く普及させることが日本の大学にとって，人材や予算の配分の面で最適なのかの検討も必要であろう（全ての方面に理想どおりの分配をすることはおそらくできない。どこかに人や予算を充てれば，ほかのどこかで削らざるを得なくなる）。本書第2章3でも述べたように，大学全体として図書館（員）をどれだけ重視するかが大きく関わってくると思われる。

上に述べたような専門職に大学図書館職員が昇華したり，専門的な知識・技能を備えた人材を別途確保して配置したりするかどうかはともかくとして，本節で述べた状況を踏まえたうえで日常業務に当たるためには，大学における学問の在り方や，学術情報流通の全体に関する知見など，広い視野が大学図書館職員には必要になろう。

---

[43] 文部科学省．"学術情報基盤実態調査（旧大学図書館実態調査）"．https://www.mext.go.jp/b_menu/toukei/chousa01/jouhoukiban/1266792.htm，（参照 2024-05-05）．

参考文献

※URL の参照は全て2024年5月または8月。

DPI 日本会議．"読書バリアフリー法成立における関係4団体声明"．https://www.dpi-japan.org/blog/demand/読書バリアフリー法成立における関係4団体声明/

e-Gov 法令検索．https://elaws.e-gov.go.jp/

JREC-IN Portal．https://jrecin.jst.go.jp/seek/SeekTop

PR TIMES．"本屋だけ図書館だけでは味わえない知的体験を提供する『ちえなみき』が敦賀駅前に9月1日オープン～本を介して知への扉を開く，新しい拠点の誕生～"．https://prtimes.jp/main/html/rd/p/000000009.000015407.html

赤間圭祐「文字・活字文化振興法」『法令解説資料総覧』2005年，no. 286，p. 8-12.

新井恒易「学校図書館法の解説」『新しく制定された重要教育法の解説』東洋館出版，1953年，p. 1-42.

安藤友張編著『図書館制度・経営論：ライブラリー・マネジメントの現在』ミネルヴァ書房，2013年．

糸賀雅児「図書館の政策動向と課題解決支援」『社会教育』2011年，vol. 66，no. 7，p. 6-12.

糸賀雅児，薬袋秀樹編『図書館制度・経営論』樹村房，2013年．

井内慶次郎『図書館法：逐条解説』1950年（全日本社会教育連合会『社会教育』vol. 5，no. 7 付録）．

今井福司「2014年学校図書館法一部改正：学校司書法制化について」『カレントアウェアネス-E』2014年，no. 265．https://current.ndl.go.jp/e1597

梅本恵「学校司書法制化をめぐって」『子どもの本棚』2014年．vol. 43，no. 6，p. 33-36.

裏田武夫ら『図書館法研究』日本図書館協会，1980年．

裏田武夫，小川剛編『図書館法成立史資料』日本図書館協会，1968年．

大串夏身，常世田良『図書館概論』第4版，学文社，2022年．

岡村久道『著作権法』第5版，民事法研究会，2021年．

岡本薫『著作権の考え方』岩波書店，2003年．

小倉秀夫，金井重彦編著『著作権法コンメンタール』1～3．改訂版，第一法規，2020年．

小黒浩司編著『図書館サービス概論：ひろがる図書館のサービス』ミネルヴァ書房，2018年．

小田光宏，庭井史絵編著『図書館サービス概論』日本図書館協会，2023年．
科学技術・学術審議会 学術分科会 学術情報委員会『学修環境充実のための学術情報基盤の整備について（審議まとめ）』2013年．https：//www.mext.go.jp/b_menu/shingi/gijyutu/gijyutu4/031/houkoku/1338888.htm
科学技術・学術審議会 学術分科会 学術情報委員会『学術情報のオープン化の推進について（審議まとめ）』2016年．https：//www.mext.go.jp/b_menu/shingi/gijyutu/gijyutu4/036/houkoku/1368803.htm
科学技術・学術審議会 学術分科会 研究環境基盤部会・学術情報基盤作業部会『学術情報基盤の今後の在り方について（報告）』2006年．https：//www.mext.go.jp/b_menu/shingi/gijyutu/gijyutu4/toushin/1213896.htm
科学技術・学術審議会 学術分科会 研究環境基盤部会 学術情報基盤作業部会『学術情報の国際発信・流通力強化に向けた基盤整備の充実について』2012年．https：//www.mext.go.jp/b_menu/shingi/gijyutu/gijyutu4/toushin/1323857.htm
科学技術・学術審議会 学術分科会 研究環境基盤部会 学術情報基盤作業部会『大学図書館の整備について（審議のまとめ）：変革する大学にあって求められる大学図書館像』2010年．https：//www.mext.go.jp/b_menu/shingi/gijyutu/gijyutu4/toushin/1301602.htm
科学技術・学術審議会学術分科会・情報委員会『コロナ新時代に向けた今後の学術研究及び情報科学技術の振興方策について（提言）』2020年．https：//www.mext.go.jp/b_menu/shingi/mext_00538.html
科学技術・学術審議会・情報委員会・オープンサイエンス時代における大学図書館の在り方検討部会『オープンサイエンス時代における大学図書館の在り方について（審議のまとめ）』2023年．https：//www.mext.go.jp/b_menu/shingi/gijyutu/gijyutu29/004/mext_00001.html
科学技術・学術審議会・情報委員会・ジャーナル問題検討部会『我が国の学術情報流通における課題への対応について（審議まとめ）』2021年．https：//www.mext.go.jp/b_menu/shingi/gijyutu/gijyutu29/001/mext_00650.html
加戸守行『著作権法逐条講義』7訂新版，著作権情報センター，2021年．
学校図書館議員連盟ら．"改正学校図書館法Q&A：学校司書の法制化にあたって"．http：//www.gakuto-seibi.jp/pdf/2014leaflet4.pdf
学校図書館担当職員の役割及びその資質の向上に関する調査研究協力者会議『これからの学校図書館担当職員に求められる役割・職務及びその資質能力の向上方策等について（報告）』2014年．https：//www.mext.go.jp/b_menu/shingi/chousa/shotou/099/houkoku/1346118.htm

学校図書館の整備充実に関する調査研究協力者会議『これからの学校図書館の整備充実について（報告）』2016年．https://www.mext.go.jp/component/b_menu/shingi/toushin/__icsFiles/afieldfile/2016/10/20/1378460_02_2.pdf

学校図書館編集部「学校図書館法を読む：逐条の解説と30年の歩み」『学校図書館』1983年，no. 393，p. 10-27.

学校図書館編集部「特集 特別支援学校における学校図書館の現状」『学校図書館』2020年，no. 836.

学校図書館問題研究会編『学校司書って，こんな仕事：学びと出会いをひろげる学校図書館』かもがわ出版，2014年．

「学校図書館法の一部を改正する法律」『学校図書館』2014年．no. 766，p. 16-18.

金沢みどり『図書館サービス概論』第2補訂版，学文社，2022年．

河井弘志ら編『図書館概論』改訂2版，教育史料出版会，2009年．

川原亜希世，岡田大輔「学校司書のモデルカリキュラム実施の実態について」『図書館界』2020年，vol. 72，no. 2，p. 75-81．https://doi.org/10.20628/toshokankai.72.2_75

河村健夫「学校図書館の歴史に新たな一ページ：学校司書法制化を振り返る」『学校図書館』2014年，no. 766，p. 21.

河村建夫「子どもの読書活動の推進に関する法律の制定」『学校図書館』2002年，no. 618，p. 15-17.

河村宏「図書館における合理的配慮：障害者差別解消法施行に向けて」『図書館雑誌』2015年，vol. 109，no. 10，p. 662-663．https://www.dinf.ne.jp/doc/japanese/access/library/kawamura_jla1510.html

岸田和明編著『図書館情報資源概論』改訂，樹村房，2020年．

北嶋武彦編著『図書館概論』新訂，東京書籍，2005年．

黒古一夫，山本順一編著『読書と豊かな人間性』学文社，2007年．

黒澤節男『Q&Aで学ぶ図書館の著作権基礎知識』第4版，太田出版，2017年．

黒澤節男「教えて！著作権第3回大学図書館と著作権」『情報管理』2010年．vol. 53，no. 9，p. 504-510．https://doi.org/10.1241/johokanri.53.504

小泉直樹ら『条解著作権法』弘文堂，2023年．

厚生労働省．"身体障害者更生援護施設の設備及び運営について（平成一二年六月一三日）（障第四六四号）（各都道府県知事・各指定都市市長・各中核市市長あて厚生省大臣官房障害保健福祉部長通知）"．https://www.mhlw.go.jp/web/t_doc?dataId=00ta8692&dataType=1&pageNo=1

高度情報通信ネットワーク社会推進戦略本部．"パーソナルデータの利活用に関する制度改正大綱"．https://www.soumu.go.jp/main_content/000333105.pdf

古賀節子編『学校経営と学校図書館』樹村房，2002年．

国立国会図書館．"国立国会図書館組織規程"．https://www.ndl.go.jp/jp/aboutus/laws/pdf/a1105.pdf

国立国会図書館．"「国立国会図書館における障害を理由とする差別の解消の推進に関する対応要領」について"．https://www.ndl.go.jp/jp/support/taioyoryo.html

国立国会図書館．"国立国会図書館について"．https://www.ndl.go.jp/jp/event/events/lff2019_forum6.pdf

国立国会図書館．"国立国会図書館の個人情報の取扱いについて"．https://www.ndl.go.jp/jp/privacy/index.html

国立国会図書館．"個人向けデジタル化資料送信サービス"．https://www.ndl.go.jp/jp/use/digital_transmission/individuals_index.html

国立国会図書館．"国会会議録検索システム"．https://kokkai.ndl.go.jp/#/

国立国会図書館．"資料デジタル化について"．https://www.ndl.go.jp/jp/preservation/digitization/index.html

国立国会図書館『地域の拠点形成を意図した図書館の施設と機能』2020年．https://dl.ndl.go.jp/pid/11488787/1/1

国立国会図書館．"図書館向けデジタル化資料送信サービス"．https://www.ndl.go.jp/jp/use/digital_transmission/index.html

国立国会図書館．"図書館向けデジタル化資料送信サービス参加館一覧"．https://dl.ndl.go.jp/ja/soshin_librarylist

国立国会図書館監修『国立国会図書館入門』三一書房，1998年．

小坂憲次「学校図書館法による学校司書の法制化について」『学校図書館』2014年，no. 766，p. 22-24．

小坂昌「図書館向けデジタル化資料送信サービスの現況と課題」『コピライト』2014年，vol. 54，no. 639，p. 18-23．

個人情報保護委員会．"学術研究分野における個人情報保護の規律の考え方（令和3年個人情報保護法改正関係）"．https://www.ppc.go.jp/files/pdf/210623_gakujutsu_kiritsunokangaekata.pdf

個人情報保護委員会．"「個人関連情報」とは何か。「個人関連情報」を第三者に提供する場合に留意すべき事項には，どのようなものがあるか"．https://www.ppc.go.jp/all_faq_index/faq2-q2-8/

国公私立大学図書館協力委員会．"大学図書館間協力における資料複製に関するガイドライン"．https://contents.nii.ac.jp/sites/default/files/catill/2022-08/ill_fax_guideline_supplement.pdf

国公私立大学図書館協力委員会．"大学図書館間協力における資料複製に関する合意書"．https://julib.jp/wp-content/uploads/2024/03/20240330_agreement.pdf

国公私立大学図書館協力委員会．"大学図書館における文献複写に関する実務要項"．https://www.janul.jp/j/documents/coop/yoko.pdf

国公私立大学図書館協力委員会大学図書館著作権検討委員会．"大学刊行の定期刊行物に関する著作権法第31条第1項第1号の「発行後相当期間」の扱いについて"．https://www.jaspul.org/news/2014/07/3111-1.html

国公私立大学図書館協力委員会大学図書館著作権検討委員会．"大学図書館における著作権問題Q&A：第9.1.1版"．https://julib.jp/wp-content/uploads/2022/12/copyrightQA_v9.1.1.pdf

小寺信良．"この3年で4回の著作権法改正，いったいどこがどう変わったのか 忘れられがちな改正内容を整理する"．https://www.itmedia.co.jp/news/articles/2108/05/news073.html

後藤敏行『学校図書館の基礎と実際』樹村房，2018年．

後藤敏行「第4章 学校図書館の指針」雪嶋宏一ら編著『学校図書館概論』勉誠社，2024年または2025年発行予定．

後藤敏行「著作物等の国際的保護」『図書館情報学事典』，丸善出版，2023年，p. 428-429．

後藤敏行『図書館員をめざす人へ』増補改訂版，勉誠社，2024年．

後藤敏行『図書館の法令と政策』2016年増補版，樹村房，2016年．

後藤敏行「図書館法，著作権法等の改正と図書館」『現代の図書館』2019，vol. 54，no. 639，p. 176-183．https://jwu.repo.nii.ac.jp/records/3241

後藤敏行「長尾構想の検討：推進に向けた予測と提言」『図書館界』2012，vol. 64，no. 4，p. 256-267．https://doi.org/10.20628/toshokankai.64.4_256

後藤暢「無料原則を考えるために」『みんなの図書館』2007年，no. 359，p. 11-16．

子ども読書の情報館．"関連データ・資料等"．https://www.kodomodokusyo.go.jp/happyou/datas.html

子ども読書の情報館．"関係法令等"．https://www.kodomodokusyo.go.jp/happyou/hourei.html

子ども読書の情報館．"子ども読書の日"．https://www.kodomodokusyo.go.jp/happyou/torikumi.html

子どもの読書サポーターズ会議『これからの学校図書館の活用の在り方等について（報告）』2009年．https://www.mext.go.jp/a_menu/shotou/dokusho/meeting/__icsFiles/afieldfile/2009/05/08/1236373_1.pdf

これからの図書館の在り方検討協力者会議『これからの図書館像：地域を支える情報拠点をめざして』2006年．https：//warp.ndl.go.jp/info：ndljp/pid/287175/www.mext.go.jp/b_menu/houdou/18/04/06032701.htm

今まど子，小山憲司編著『図書館情報学基礎資料』第5版，樹村房，2024年．

斉藤博『著作権法』第3版，有斐閣，2007年．

坂田仰ら編『教育改革の動向と学校図書館』八千代出版，2012年．

作花文雄『詳解著作権法』第6版，ぎょうせい，2022年．

作花文雄『著作権法』3訂版，放送大学教育振興会，2022年．

サピエ 視覚障害者情報総合ネットワーク．https://www.sapie.or.jp/cgi-bin/CN1WWW

椎名慎太郎，稗貫俊文『文化・学術法』ぎょうせい，1986年．

障害者差別解消法解説編集委員会編著『概説障害者差別解消法』法律文化社，2014年．

参議院．"議案情報：参議院ホームページ"．https：//www.sangiin.go.jp/japanese/joho1/kousei/gian/169/meisai/m16903169051.htm

塩見昇『日本学校図書館史』全国学校図書館協議会，1986年．

塩見昇編著『図書館概論』5訂版，日本図書館協会，2018年．

塩見昇，山口源治郎編著『新図書館法と現代の図書館』日本図書館協会，2009年．

塩崎亮ら編著『図書館情報技術論：図書館を駆動する技術装置』第2版，ミネルヴァ書房，2022年．

志保田務ら編著『図書館サービス概論』学芸図書，2013年．

島並良ら『著作権法入門』第3版，有斐閣，2021年．

ジャーナル問題に関する検討会『大学等におけるジャーナル環境の整備と我が国のジャーナルの発信力強化の在り方について』2014年．https：//www.mext.go.jp/b_menu/shingi/chousa/shinkou/034/gaiyou/1351118.htm

衆議院．"衆議院議員川内博史君外一名提出今国会提出の著作権法の一部を改正する法律案に於ける暫定措置廃止後の法律の運用に関する質問に対する答弁書"．https：//www.shugiin.go.jp/internet/itdb_shitsumon.nsf/html/shitsumon/b159096.htm

首藤誠「文部科学省における大学図書館政策」『大学の図書館』2012年，vol. 31, no. 4, p. 50-53.

生涯学習審議会編『図書館の情報化の必要性とその推進方策について：地域の情報化推進拠点として：報告』生涯学習審議会社会教育分科審議会計画部会図書館専門委員会，1998年．https：//warp.ndl.go.jp/info：ndljp/pid/286794/www.mext.go.jp/b_menu/shingi/12/shougai/toushin/981001.htm

「シリーズ学校図書館学」編集委員会編『学校経営と学校図書館』全国学校図書館協議会，2011年．

新・公民連携最前線 PPP まちづくり. "JR 敦賀駅前に市の知育・啓発施設，設計・運営は丸善雄松堂らに". https://project.nikkeibp.co.jp/atclppp/PPP/news/032801102/

新保史生『情報管理と法：情報の利用と保護のバランス』勉誠出版, 2010年.

新保史生「図書館と個人情報保護法」『情報管理』2005年, vol. 47, no. 12, p. 818-827. https://www.jstage.jst.go.jp/article/johokanri/47/12/47_12_818/_pdf

政府広報オンライン. "「個人情報保護法」をわかりやすく解説 個人情報の取扱いルールとは？". https://www.gov-online.go.jp/useful/article/201703/1.html

関根美穂「国立国会図書館の図書館向けデジタル化資料送信サービスの概要」『大学の図書館』2014年, vol. 32, no. 9, p. 161-163.

全国学校図書館協議会監修『司書教諭・学校司書のための学校図書館必携：理論と実践』新訂版. 悠光堂, 2021年.

全国学校図書館協議会編『学校図書館基準：解説と運営』時事通信社, 1950年.

全国学校図書館協議会編『学校図書館法の解説』明治図書出版, 1953年.

全国学校図書館協議会編『これからの学校図書館と司書教諭の役割：改正学校図書館法マニュアル』改訂版. 全国学校図書館協議会, 2000年.

全国視覚障害者情報提供施設. "全視情協会員施設・団体". https://www.naiiv.net/zensijokyo/member_list/

全国盲ろう者協会. "読書バリアフリー法成立における関係4団体声明を公開しました". https://www.jdba.or.jp/news2/index.php/view/52

大学教育社編『現代政治学事典』新訂版. ブレーン出版, 1998年.

高橋和之ら編集代表『法律学小辞典』第5版. 有斐閣, 2016年.

高橋優子「図書館サービスにおける利用者負担アンケート」『みんなの図書館』2007年, no. 359, p. 2-10.

高林龍『標準著作権法』第5版. 有斐閣, 2022年.

高山正也, 岸田和明編著『図書館概論』改訂. 樹村房, 2017年.

高山正也, 平野英俊編『図書館情報資源概論』樹村房, 2012年.

高山正也, 村上篤太郎編著『図書館サービス概論』改訂. 樹村房, 2019年.

田中敦司「個人情報保護法と図書館」『医学図書館』2005, vol. 52, no. 3, p. 286. https://www.jstage.jst.go.jp/article/igakutoshokan1954/52/3/52_3_285/_pdf

田村善之『著作権法概説』第2版. 有斐閣, 2001年.

「探究学校図書館学」編集委員会『学校経営と学校図書館』全国学校図書館協議会, 2019年.

ちえなみき. https://chienamiki.jp/

茶園成樹編『著作権法』第3版. 有斐閣, 2021年.

中央教育審議会."新しい時代を切り拓く生涯学習の振興方策について:知の循環型社会の構築を目指して:答申". https://www.mext.go.jp/component/b_menu/shingi/toushin/__icsFiles/afieldfile/2008/12/18/080219_01.pdf

著作権審議会『著作権審議会第4小委員会(複写複製関係)報告書』文化庁, 1976年. https://www.cric.or.jp/db/report/s51_9/s51_9_main.html

著作権法第35条ガイドライン協議会."学校その他の教育機関における著作物の複製に関する著作権法第35条ガイドライン". https://www.jbpa.or.jp/pdf/guideline/act_article35_guideline.pdf

著作物の教育利用に関する関係者フォーラム."改正著作権法第35条運用指針(令和3(2021)年度版)". https://forum.sartras.or.jp/wp-content/uploads/unyoshishin_20201221.pdf

デジタル田園都市国家構想. https://www.cas.go.jp/jp/seisaku/digitaldenen/index.html

手嶋孝典編著『図書館制度・経営論』第2版, 学文社, 2017年.

天道佐津子, 柴田正美編著『学校経営と学校図書館』3訂版, 放送大学教育振興会, 2009年.

東京学芸大学学校図書館運営専門委員会."2020Zoomによる緊急学習会「学校図書館と著作権」開催報告"先生のための授業に役立つ学校図書館活用データベース. https://www2.u-gakugei.ac.jp/~schoolib/htdocs/index.php?action=pages_view_main&block_id=113&active_action=journal_view_main_detail&post_id=1049

東京都立図書館."新聞雑誌記事横断検索データベース(有料)のご案内". https://www.library.metro.tokyo.lg.jp/search/service/online_database/newspaper/index.html

統合イノベーション戦略推進会議."学術論文等の即時オープンアクセスの実現に向けた基本方針". https://www8.cao.go.jp/cstp/oa_240216.pdf

図書館関係の権利制限規定の在り方に関するワーキングチーム."図書館関係の権利制限規定の見直し(デジタル・ネットワーク対応)に関する報告書". https://www.bunka.go.jp/seisaku/bunkashingikai/chosakuken/toshokan_working_team/pdf/92654101_02.pdf

図書館未来構想研究会."これからの図書館像(実践事例集)". https://www.mext.go.jp/a_menu/shougai/tosho/houkoku/06040715.htm

図書館用語辞典編集委員会編『最新図書館用語大辞典』柏書房, 2004年.

図書館をハブとしたネットワークの在り方に関する研究会『地域の情報ハブとしての図書館:課題解決型の図書館を目指して』2005年. https://www.mext.go.jp/a_menu/shougai/tosho/houkoku/05091401.htm

内閣府."関係府省庁所管事業分野における障害を理由とする差別の解消の推進に関す

る対応指針". https://www8.cao.go.jp/shougai/suishin/sabekai/taioshishin.html

内閣府. "関係府省庁における障害を理由とする差別の解消の推進に関する対応要領". https://www8.cao.go.jp/shougai/suishin/sabekai/taioyoryo.html

内閣府. "合理的配慮等具体例データ集（合理的配慮サーチ）". https://www8.cao.go.jp/shougai/suishin/jirei/

内閣府. "障害者差別解消法リーフレット". https://www8.cao.go.jp/shougai/suishin/sabekai_leaflet.html

内閣府. "障害を理由とする差別の解消の推進に関する基本方針". https://www8.cao.go.jp/shougai/suishin/sabekai/kihonhoushin/honbun.html

内閣府. "障害を理由とする差別の解消の推進に関する法律 Q&A 集〈地方公共団体向け〉". https://www8.cao.go.jp/shougai/suishin/law_h25-65_ref2.html

内閣府. "障害を理由とする差別の解消の推進に関する法律についてのよくあるご質問と回答〈国民向け〉". https://www8.cao.go.jp/shougai/suishin/law_h25-65_qa_kokumin.html

内閣府. "第 4 期科学技術基本計画（平成23～27年度）". https://www8.cao.go.jp/cstp/kihonkeikaku/index4.html

内閣府. "第 5 期科学技術基本計画". https://www8.cao.go.jp/cstp/kihonkeikaku/index5.html

内閣府. "第 6 期科学技術・イノベーション基本計画". https://www8.cao.go.jp/cstp/kihonkeikaku/index6.html

永田治樹編著『図書館制度・経営論』日本図書館協会，2016年．

中村百合子編『学校経営と学校図書館』改訂，樹村房，2022年．

中山信弘『著作権法』第 4 版，有斐閣，2023年．

中山信弘『著作権法』追補，有斐閣，2010年．

成田康子「"学校司書"初の明記：学校図書館法改正」『出版ニュース』2014年，no. 2350，p. 16.

成田康子「学校図書館「改正学校図書館法 Q&A」を読む」『出版ニュース』2014年，no. 2356，p. 16.

西崎恵『図書館法』新装版，日本図書館協会，1991年，p. 35-36.

日本図書館協会「学校図書館法の一部を改正する法律について（見解及び要望）」『図書館雑誌』2014年，vol. 108，no. 8，p. 542-544.

日本図書館協会. "公立図書館の任務と目標". https://www.jla.or.jp/library/gudeline/tabid/236/default.aspx

日本図書館協会. "著作権法第31条第 1 項の図書館等に学校図書館を含めることについ

て 学校図書館において想定される具体的な活動内容". https://www.jla.or.jp/demand/tabid/78/Default.aspx?itemid=5512

日本図書館協会. "図書館員の倫理綱領". https://www.jla.or.jp/ibrary/gudeline/tabid/233/Default.aspx

日本図書館協会. "図書館における障害を理由とする差別の解消の推進に関するガイドライン". https://www.jla.or.jp/portals/0/html/lsh/sabekai_guideline.html

日本図書館協会. "図書館の自由に関する宣言". https://www.jla.or.jp/library/gudeline/tabid/232/Default.aspx

日本図書館協会. "図書館の障害者サービスにおける著作権法第37条第3項に基づく著作物の複製等に関するガイドライン". https://www.jla.or.jp/library/gudeline/tabid/865/Default.aspx

日本図書館協会.「「マルチメディアDAISY(デイジー)」や「やさしく読める本」を知っていますか". https://www.jla.or.jp/portals/0/html/lsh/redheel.html

日本図書館協会. "プライバシー保護ガイドライン". https://www.jla.or.jp/committees/jiyu//tabid/817/Default.aspx

日本図書館協会編『市民の図書館』増補版, 日本図書館協会, 1976年.

日本図書館協会編『中小都市における公共図書館の運営』復刻版, 日本図書館協会, 1973年.

日本図書館協会, 国公私立大学図書館協力委員会, 全国公共図書館協議会. "図書館間協力における現物貸借で借り受けた図書の複製に関するガイドライン". https://www.jla.or.jp/portals/0/html/fukusya/taisyaku.pdf

日本図書館協会, 国公私立大学図書館協力委員会, 全国公共図書館協議会. "複製物の写り込みに関するガイドライン". https://www.jla.or.jp/Portals/0/html/fukusya/uturikomi.pdf

日本図書館協会障害者サービス委員会, 著作権委員会編『障害者サービスと著作権法』第2版, 日本図書館協会, 2021年.

日本図書館協会町村図書館活動推進委員会『図書館による町村ルネサンスLプラン21:21世紀の町村図書館振興をめざす政策提言』日本図書館協会, 2001年.

日本図書館協会著作権委員会編『図書館サービスと著作権』改訂第3版, 日本図書館協会, 2007年.

日本図書館協会著作権委員会編著『学校図書館の著作権問題Q&A』日本図書館協会, 2006年.

日本図書館協会図書館政策特別委員会編『公立図書館の任務と目標解説』改訂版増補, 日本図書館協会, 2009年.

日本図書館協会図書館調査事業委員会編『2006年『日本の図書館』附帯調査 図書館の状況について 報告書』日本図書館協会，2009年．
日本図書館協会図書館調査事業委員会，日本の図書館調査委員会編『日本の図書館：統計と名簿』日本図書館協会，2024年．
日本図書館協会図書館ハンドブック編集委員会編『図書館ハンドブック』第6版補訂2版，日本図書館協会，2016年．
日本図書館協会図書館年鑑編集委員会編『図書館年鑑2023』日本図書館協会，2023年．
日本図書館協会用語委員会編『図書館用語集』4訂版，日本図書館協会，2013年．
日本図書館研究会編集委員会編『構造的転換期にある図書館：その法制度と政策』日本図書館研究会，2010年．
日本図書館研究会編集委員会編『子どもの読書環境と図書館』日本図書館研究会，2006年．
日本図書館情報学会研究委員会編『図書館を支える法制度』勉誠出版，2002年．
日本図書館情報学会用語辞典編集委員会編『図書館情報学用語辞典』第5版，丸善出版，2020年．
日本法令索引．https://hourei.ndl.go.jp/#/
根本彰編『情報資源の社会制度と経営』東京大学出版会，2013年．
野口武悟「特別支援学校における学校図書館のいま（1）：施設・設備と運営体制の現状と課題を中心に」『学校図書館』2008年，no. 697，p. 73-76．
野口武悟「特別支援学校における学校図書館の現状（1）：施設と経営体制を中心に」『学校図書館』2014年，no. 765，p. 45-49．
野口武悟，前田稔編著『学校経営と学校図書館』改訂2版，放送大学教育振興会，2023年．
野口祐子『デジタル時代の著作権』筑摩書房，2010年．
半田正夫『著作権法概説』第16版，法学書院，2016年．
馬場俊明編著『図書館情報資源概論』3訂版，日本図書館協会，2024年．
肥田美代子「21世紀を拓く子どもの読書活動推進法：本を読む国・日本へ」『学校図書館』2002年，no. 618，p. 18-20．
肥田美代子「これは始まりである」『学校図書館』2014年，no. 766，p. 28．
廣瀬信己「国立国会図書館における資料のデジタル化と送信サービス」『専門図書館』2012年，no. 255，p. 51-55．
平井歩実，二村健編著『図書館サービス概論』学文社，2018年．
福井健策『著作権とは何か：文化と創造のゆくえ』改訂版，集英社，2020年．
福井健策『著作権の世紀：変わる「情報の独占制度」』集英社，2010年．
福永義臣編著『学校経営と学校図書館』改訂，樹村房，2006年．
藤倉恵一『図書館のための個人情報保護ハンドブック』日本図書館協会，2006年．

文化審議会．"文化審議会著作権分科会法制問題小委員会（第4回）議事要旨"．https://www.mext.go.jp/b_menu/shingi/bunka/gijiroku/013/020902.htm

文化庁編『著作権法入門2023-2024』著作権情報センター，2023年．

法令用語研究会編『有斐閣法律用語辞典』第5版，有斐閣，2020年．

細井正人「図書館の無料原則は守られているか：図書館の相互貸借からみる無料原則」『みんなの図書館』2007年，no. 359，p. 17-24．

細田博之「文字・活字文化を支える学校図書館の整備・充実に向けて」『学校図書館』2014年，no. 766，p. 22．

松原洋子「障害者差別解消法の高等教育機関における障害学生支援への影響」『大学図書館問題研究会誌』2015年，no. 39，p. 3-10，25-31．

松本直樹「公共図書館政策の研究動向」『カレントアウェアネス』2007年，no. 294，p. 30-36．https://current.ndl.go.jp/ca1649

松本直樹「日本における図書館法・政策の概要と特徴」『情報の科学と技術』vol. 59，no. 12，p. 568-572，2009年．https://doi.org/10.18919/jkg.59.12_568

水越規容子「学校図書館法改正をどう考えるか」『子どもの本棚』2014年，vol. 43，no. 6，p. 21-23．

薬袋秀樹「地域の活性化における公共図書館の役割」『地域政策研究』2010年，no. 52，p. 6-11．

薬袋秀樹「レポート紹介これからの図書館像―地域を支える情報拠点をめざして―（報告）」『情報管理』2006年，vol. 49，no. 8，p. 454-459．https://doi.org/10.1241/johokanri.49.454

南亮一「最近10年間における大学図書館に関係する著作権法の改正の動向について」『大学図書館研究』2011年，no. 93，p. 1-16．https://www.jstage.jst.go.jp/article/jcul/93/0/93_82/_pdf

南亮一「図書館における著作権の現状と動向について」『びぶろす―Biblos』平成20年夏号（電子化41号），2008年．https://dl.ndl.go.jp/pid/3526019

宮沢厚雄『図書館概論』理想社，2011年．

三山祐三『著作権法詳説：判例で読む14章』第11版，勁草書房，2023年．

文字・活字文化推進機構．"「国民読書年」国会決議に関する報告集会を開催"．https://www.mojikatsuji.or.jp/events/2008/06/16/218/

森茜「学校図書館の運営に参画する学校司書として」『学校図書館』2014年，no. 766，p. 28-29，2014年．

森耕一編『図書館法を読む』補訂版，日本図書館協会，1995年．

森田盛行「学校図書館法改正と今後の課題と展望」『学校図書館』2014年，no. 766，p.

14-15.

森田盛行『気になる著作権Q&A：学校図書館の活性化を図る』増補補訂版．全国学校図書館協議会，2019年．

文部科学省．"GIGAスクール構想の実現について"．https://www.mext.go.jp/a_menu/other/index_00001.htm

文部科学省．"オープンサイエンスの時代にふさわしい「デジタル・ライブラリー」の実現に向けて～2030年に向けた大学図書館のロードマップ～"．https://www.mext.go.jp/b_menu/shingi/chousa/shinkou/071/mext_00002.html

文部科学省．"学位規則の一部を改正する省令の施行等について（通知）"．https://www.mext.go.jp/a_menu/koutou/daigakuin/detail/1331796.htm

文部科学省．"学術情報基盤実態調査（旧大学図書館実態調査）"．https://www.mext.go.jp/b_menu/toukei/chousa01/jouhoukiban/1266792.htm

文部科学省．"学校週5日制時代の公立学校施設に関する調査研究協力者会議報告（子ども達の未来を拓く学校施設―地域の風がいきかう学校―）"．https://www.mext.go.jp/b_menu/shingi/chousa/shotou/016/toushin/990701.htm

文部科学省．"学校図書館の現状に関する調査結果"．https://www.mext.go.jp/a_menu/shotou/dokusho/link/1360318.htm

文部科学省．"学校図書館法の一部を改正する法律等の施行について（通知）"．https://www.mext.go.jp/a_menu/sports/dokusyo/hourei/cont_001/012.htm

文部科学省．"司書について"．https://www.mext.go.jp/a_menu/shougai/gakugei/shisyo/

文部科学省．"図書館の設置及び運営上の望ましい基準（平成24年12月19日文部科学省告示第172号）"．https://www.mext.go.jp/a_menu/01_l/08052911/1282451.htm

文部科学省．"「図書館の設置及び運営上の望ましい基準」の告示について（平成24年12月19日　24文科生第572号　各都道府県教育委員会教育長あて　文部科学省生涯学習政策局長通知）"．https://www.mext.go.jp/a_menu/01_l/08052911/1282452.htm

文部科学省．"平成22年度「学校図書館の現状に関する調査」の結果について"．https://www.mext.go.jp/a_menu/shotou/dokusho/link/1410430.htm

文部科学省．"別添1「学校図書館ガイドライン」"．https://www.mext.go.jp/a_menu/shotou/dokusho/link/1380599.htm

文部科学省．"令和2年度「学校図書館の現状に関する調査」の結果について"．https://www.mext.go.jp/a_menu/shotou/dokusho/link/1410430_00001.htm

文部科学省初等中等教育局児童生徒課「学校図書館法の改正を踏まえた今後の施策等について」『学校図書館』2014年，no. 766，p. 26-27.

文部省『学校図書館の手引』師範学校教科書, 1948年.
文部省広報課「第十六国会成立法案を見る」『文部広報』1953年, no. 60, p. 2.
文部省初等中等教育局長. "学校図書館法の一部を改正する法律等の施行について（通知）". https://www.mext.go.jp/a_menu/sports/dokusyo/hourei/cont_001/012.htm
薬師院はるみ「専門職論の限界と図書館職員の現状」『図書館界』2017年, vol. 68, no. 6, p. 344-353. https://doi.org/10.20628/toshokankai.68.6_344
柳与志夫『図書館制度・経営論』第3版, 学文社, 2024年.
山田奨治『日本の著作権はなぜこんなに厳しいのか』人文書院, 2011年.
山本順一「Google, Kindle, iPad 時代の図書館と著作権制度」『同志社大学図書館学年報』2011年, no. 37, p. 4-30. https://doi.org/10.14988/pa.2017.0000012569
山本順一『図書館概論：デジタル・ネットワーク社会に生きる市民の基礎知識』ミネルヴァ書房, 2015年.
山本順一編著『学校経営と学校図書館』第2版, 学文社, 2008年.
鑓水三千夫『図書館と法：図書館の諸問題への法的アプローチ』改訂版増補, 日本図書館協会, 2021年.
山家篤夫「都立図書館「改革」の具体的方策」『みんなの図書館』2007年, no. 359, p. 25-32.
吉井潤『事例で学ぶ図書館サービス概論』青弓社, 2022年.
吉井潤『事例で学ぶ図書館制度・経営論』青弓社, 2022年.
笠浩史「学校図書館充実に向けて踏み出す一歩」『学校図書館』2014年, no. 766, p. 24.
渡邊重夫『司書教諭のための学校経営と学校図書館』学文社, 2003年.
渡邊重夫『学校経営と学校図書館』青弓社, 2015年.
渡邊重夫『批判的思考力を育てる学校図書館：付：図書館利用記録とプライバシー』青弓社, 2020年.
渡辺信一, 天道佐津子編著『学校経営と学校図書館』改訂版, 放送大学教育振興会, 2004年.
和知剛「図書館政策の現状と展望」『地方自治職員研修』2011年, vol. 44, no. 3, p. 41-43.

索引

以下の各用語などについて，主な箇所または初出の箇所を示す。

DAISY　111
GIGAスクール構想　53
LLブック　77
OCLC　135
PubMed Central　134
SPARC　133

アイデア　89
一般財団法人　6
一般社団法人　6
一般社団法人及び一般財団法人に関する法律　6
インセンティブ論　88
インターネット資料収集保存事業(WARP)　43
映写会　9
閲覧　97
閲覧所　9
エプロンシアター　8
遠隔合同授業　108
オーディオブック　82
オープンアクセス　130, 132
オープンサイエンス　132
オープンサイエンス時代における大学図書館の在り方について（審議のまとめ）　131
オープンサイエンスの時代にふさわしい「デジタル・ライブラリー」の実現に向けて〜2030年に向けた大学図書館のロードマップ〜　132

オンデマンド授業　108
オンライン資料収集制度（eデポ）　43
科学技術・学術審議会 学術分科会　130
学位規則　135
学修環境充実のための学術情報基盤の整備について（審議まとめ）　131
学術雑誌の危機　133
学術情報基盤実態調査　138
学術情報基盤の今後の在り方について（報告）　130
学術情報のオープン化の推進について（審議まとめ）　131
学術情報の国際発信・流通力強化に向けた基盤整備の充実について　130
学術論文等の即時オープンアクセスの実現に向けた基本方針　132
各図書館等による図書館資料の公衆送信に関する措置　104
貸出文庫　9
過重な負担　79
課題解決型図書館　119
　　——医療関連情報提供　120
　　——学校教育支援（子育て支援含む）　121
　　——行政情報提供　119
　　——地域情報提供・地域文化発信　121
　　——ビジネス支援　119
　　——法務関連情報提供　120
学校教育　7

学校教育法　4, 44
学校教育法施行規則　32
学校司書　35, 56, 124
学校司書の資格・養成の在り方や資質能力の向上等に係る調査研究事業　124
学校司書の法制化　35
学校司書のモデルカリキュラム　37
学校図書館　30
　——地域開放　33
学校図書館ガイドライン　53, 127
学校図書館ガイドラインを踏まえた学校図書館の利活用に係る調査研究　124
学校図書館支援センター推進事業　124
学校図書館資源共有型モデル地域事業　124
学校図書館資源共有ネットワーク推進事業　124
学校図書館情報化・活性化推進モデル地域事業　123
学校図書館総合推進事業　124
学校図書館担当職員の効果的な活用方策と求められる資質・能力に関する調査研究　124
学校図書館図書整備等5か年計画　38, 115
学校図書館図書標準　38, 115
学校図書館の活性化推進総合事業　124
学校図書館の活性化に向けた調査研究委託事業　124
学校図書館の活性化の推進　124
学校図書館の現状に関する調査　34, 36
学校図書館の手引　127
学校図書館の有効な活用方法に関する調査研究　124
学校図書館法　29
学校図書館法附則第二項の学校の規模を定める政令　34
学校図書館メディア　108
活字文化議員連盟　54
家庭教育　8
仮名加工情報　59
環境の整備　71, 75
鑑賞会　9
環太平洋パートナーシップ協定の締結に伴う関係法律の整備に関する法律の一部を改正する法律　113
館長（公立図書館）　14, 22
館長（国立国会図書館）　39
機関リポジトリ　102, 130, 134
教育委員会　3, 14, 18, 27
教育基本法　2, 3, 8, 10
言語力　55
健全な教養　31
公共図書館　5
高等学校設置基準　32
高等専門学校設置基準　46
公立図書館職員令　1
公立図書館の設置及び運営上の望ましい基準　15
公立図書館の任務と目標　117
合理的な配慮　71, 73
合理的配慮サーチ　75
国民読書年　57
国立国会図書館　39
　——関西館　40
　——国際子ども図書館　40
　——調査及び立法考査局　40
国立国会図書館サーチ　39
国立国会図書館デジタルコレクション　43

国立国会図書館における障害を理由とする差別の解消の推進に関する対応要領　70
国立国会図書館による絶版等資料のインターネット送信に関する措置　104
国立国会図書館の保有する個人情報の保護に関する規則　61
国立国会図書館法　7, 38
国立情報学研究所　135
個人関連情報　59
個人関連情報データベース等　64
個人関連情報取扱事業者　64
個人識別符号　58
個人情報　58
個人情報データベース等　60
個人情報取扱事業者　61
個人情報等　65
個人情報の保護に関する法律　57
個人情報の保護に関する法律施行令　67
個人情報ファイル　61
個人情報保護委員会　60
個人データ　64
個人向けデジタル化資料送信サービス　105
子ども読書年　51
子ども読書の日　51
子どもの読書活動の推進に関する基本的な計画　50, 52, 115
子どもの読書活動の推進に関する法律　49
こどもの読書週間　51
子どもの未来を考える議員連盟　51
これからの学校図書館担当職員に求められる役割・職務及びその資質能力の向上方策等について（報告）　125
これからの学校図書館の活用の在り方等について（報告）　125
これからの学校図書館の整備充実について（報告）　37, 127
これからの図書館像　117
これからの図書館像：実践事例集　119
コロナ新時代に向けた今後の学術研究及び情報科学技術の振興方策について（提言）　131

サピエ図書館　83
サブジェクトライブラリアン　45
差別の禁止　68
サン・ジョルディの日　51
視覚障害者等　81, 111
視覚障害者等が利用しやすい書籍（アクセシブルな書籍）　81
視覚障害者等が利用しやすい書籍等　82
視覚障害者等が利用しやすい電子書籍等（アクセシブルな電子書籍等）　81
視覚障害者等の読書環境の整備の推進に関する基本的な計画（読書バリアフリー基本計画）　53, 82
視覚障害者等の読書環境の整備の推進に関する法律（読書バリアフリー法）　54, 81
施行規則　24
施行令　46
時事に関する情報　10
司書（国立国会図書館）　40
司書（図書館法）　13
司書・司書補の講習　14
司書教諭　33

司書教諭及び学校司書の資質の向上等を通じた学校図書館改革　124
司書教諭講習　35
司書補　13
自然権論　88
視聴覚障害者情報提供施設　46, 111, 112
市町村子ども読書活動推進計画　50, 115
自動車文庫　9
市民の図書館　117
社会教育　2
社会教育法　2
社会的障壁　69
社会モデル　69
写真の著作物　95
授業目的公衆送信補償金　108
授業目的公衆送信補償金等管理協会（SARTRAS）　109
首長　19
首長部局　18
障害者　68
障害者基本法　68
障害者の権利に関する条約　68
障害者の日常生活及び社会生活を総合的に支援するための法律　46
障害を理由とする差別の解消の推進に関する基本方針　69
障害を理由とする差別の解消の推進に関する法律　68
小学校設置基準　32
情報リテラシー　136
情報リテラシー教育　130, 136
商用オンラインデータベース　10
省令　13
私立図書館　5, 27

身体障害者社会参加支援施設　46
身体障害者社会参加支援施設の設備及び運営に関する基準　46
身体障害者福祉法　46
身体障害者福祉法施行令　46
政策　115
生徒の学習到達度調査（PISA）　54
政令　13
政令で定める規模以下の学校　33
世界図書・著作権デー　51
セルフアーカイビング　134
全国学校図書館協議会　29
全国視覚障害者情報提供施設協会　47
全国書誌データ　39
前文　38
専門職大学設置基準　45
総合目録　18
創作性　90
総司令部民間情報教育局　1, 127
送信可能化　95

第4期科学技術基本計画　131
第5期科学技術基本計画　131
第6期科学技術・イノベーション基本計画　131
第一次米国教育使節団報告書　1
大学刊行の定期刊行物に関する著作権法第31条第1項第1号の「発行後相当期間」の扱いについて　102
大学設置基準　43
大学等におけるジャーナル環境の整備と我が国のジャーナルの発信力強化の在り方について　131
大学図書館　44

大学図書館間協力における資料複製に関するガイドライン　101
大学図書館間協力における資料複製に関する合意書　101
大学図書館における文献複写に関する実務要項　100, 102
大学図書館の整備について（審議のまとめ）：変革する大学にあって求められる大学図書館像　130
確かな学力の育成に係る実践的調査研究　124
短期大学設置基準　46
地域の自主性及び自立性を高めるための改革の推進を図るための関係法律の整備に関する法律　18
地域の情報ハブとしての図書館　117
地方教育行政の組織及び運営に関する法律　18
地方自治法　18
中学校設置基準　32
中小都市における公共図書館の運営　117
聴覚障害者等　111
著作権　92, 94
　──公衆送信権等　95
　──口述権　95
　──上映権　94
　──上演権及び演奏権　94
　──譲渡権　96
　──貸与権　96
　──展示権　95
　──伝達権　95
　──頒布権　96
　──複製権　94
　──翻訳権，翻案権等　97
著作権の制限　98
　──学校その他の教育機関における複製等　106
　──視覚障害者等のための複製等　111
　──聴覚障害者等のための複製等　111
　──図書館等における複製等　99
著作権法　87
著作権法施行規則　99
著作権法施行令　99
著作者人格権　92, 93
　──公表権　93
　──氏名表示権　93
　──同一性保持権　94
著作物　89
　──著作物の一部分　101
著作隣接権　92
ディスレクシア　111
データベース　91
デジタル社会の形成を図るための関係法律の整備に関する法律　58
デジタル田園都市国家構想　53
デジタルネットワーク環境における図書館利用のプライバシー保護ガイドライン　67
点字　111
点字図書館　46
統合イノベーション戦略推進会議　132
読書活動総合推進事業　124
読書週間　57
読書推進運動協議会　57
読書バリアフリー法成立における関係4団体声明　85
特定事務　19
特定社会教育機関　19

特定書籍　84
特定絶版等資料　105
特定地方公共団体　19
特定電子書籍等　84
特定図書館　19
特定図書館等　105
匿名加工情報　59
図書館
　──設置率　5
図書館（図書館法）　3, 14
　──運営の状況に関する評価　16
　──公立図書館　3
　──市町村立図書館　15
　──私立図書館　3
　──都道府県立図書館　15
図書館・学校図書館等を活用した読書活動の推進　124
図書館員　15
図書館間協力における現物貸借で借り受けた図書の複製に関するガイドライン　100
図書館協議会　23
図書館職員　15
図書館同種施設　28
図書館における障害を理由とする差別の解消の推進に関するガイドライン　74
図書館に関する科目　13
図書館による町村ルネサンスＬプラン 21：21世紀の町村図書館振興をめざす政策提言　117
図書館の自由に関する宣言　67
図書館の障害者サービスにおける著作権法第37条第3項に基づく著作物の複製等に関するガイドライン　112

図書館の設置及び運営上の望ましい基準　15, 115
図書館法　1
図書館奉仕　7
図書館法施行規則　24
図書館向けデジタル化資料送信サービス　104
図書館網　9, 17
図書館令　1
図書室　32
土地の事情及び一般公衆の希望　7
都道府県子ども読書活動推進計画　50, 115

長尾構想　105
二次的著作物　91
日本の図書館　5, 14, 28
日本法令索引　39
入館料　24
　──無料公開の原則　24
ノーコントロール，ノーサポートの原則　27

配本所　9
博士論文　135
発行後相当期間を経過した定期刊行物　102
パネルシアター　8
パブリックドメイン　89
頒布　96
日野市立図書館　21
ビブリオバトル　53
表現　89
複製　94

複製物の写り込みに関するガイドライン　101
附則　33
附帯決議　17
ブダペスト宣言　133
不当な差別的取扱い　71, 72
不読率　52
プレプリント　135
分館　9
分類　9
米国国立衛生研究所　134
編集著作物　91
法人格　6
法定納本図書館　41
法律　vii
法令　vii
保護期間　113
ポストプリント　135
保有個人情報　61
保有個人データ　64
本則　34

マラケシュ条約　111
マルチメディア DAISY　111
無方式主義　92
名称独占　4
命令　vii
目録　9
文字・活字文化　54, 81
文字・活字文化振興法　54, 81
文字・活字文化推進機構　57
文字・活字文化の日　57

要配慮個人情報　59

ラーニングコモンズ　130, 136
リアルタイム配信授業　108
レクリエーション　4
レファレンスサービスの充実　121

我が国の学術情報流通における課題への対応について（審議まとめ）　131

[著者プロフィール]

後藤　敏行（ごとう・としゆき）

1977年宮城県仙台市生まれ
東北大学文学部　卒業
東北大学文学研究科　博士課程前期　修了
筑波大学大学院図書館情報メディア研究科　博士後期課程　修了
博士（図書館情報学）
東北大学附属図書館（文部科学事務官，図書系職員），青森中央短期大学（専任講師）を経て，
日本女子大学家政学部家政経済学科　准教授（2024年現在）

【主著】
『学校図書館の基礎と実際』（樹村房，2018年，単著）
『学校図書館サービス論：現場からの報告』（樹村房，2018年，単著）
『図書館員をめざす人へ』（増補改訂版，勉誠社，2024年，単著）
『図書館職員採用試験対策問題集　司書もん』シリーズ（図書館情報メディア研究会，2014年-，単著）
その他，単著，共著，論文多数

新訂 図書館の法令と政策
——教育・文化・自由を支える制度・議論をみる

2015年3月11日	初版第1刷発行
2016年3月30日	2016年増補版第1刷発行
2018年2月20日	2016年増補版第2刷
2024年10月29日	新訂版第1刷発行

検印廃止

著　者　　後　藤　敏　行
発行者　　大　塚　栄　一

発行所　　株式会社　樹　村　房
〒112-0002
東京都文京区小石川5丁目11-7
電　話　03-3868-7321
FAX　03-6801-5202
振　替　00190-3-93169
https://www.jusonbo.co.jp/

装丁／菊地博徳（BERTH Office）
組版・印刷／亜細亜印刷株式会社
製本／有限会社愛千製本所

ⓒToshiyuki Goto　2024　Printed in Japan
ISBN978-4-88367-401-5　乱丁・落丁本は小社にてお取り替えいたします。